U0569758

# 慶元縣志輯

第十册

【光緒】慶元縣志 二

《慶元縣志輯》編委會 編纂

浙江工商大學出版社
ZHEJIANG GONGSHANG UNIVERSITY PRESS
·杭州·

# 第十册　分目録

# 慶元縣志卷之八

知慶元縣事林步瀛
史恩緯 重修

## 官師志

知縣　縣丞　主簿　典史
教諭　訓導　治行附

天生蒸民不能自治而立之君君亦不能獨理而任之臣官有多寡而分攝之事不一缺有繁簡而責任之意則同慶邑號稱易治一官已足督捕而外本屬可裁若夫教職汰而復設誠以文運於是乎寄薰陶樂育非一訓所能任也簪筆之下謹稽其歷官姓氏

與其爵里年代有足徵者逐一附註於下志官師

宋令

以所居松源鄉立縣始設寧宗慶元三年胡紘奏請

富嘉謀慶元三年任入名宦有傳

元達魯花赤

亦都散大德　年任

于　崇大德八年任

馮　義至正元年任

知縣

明

董大本 洪武十四年任有傳

曾　壽 洪武十八年任入名宦有傳

唐　仕

余源清 洪武二十三年任

李仲仁 洪武二十七年任

胡淑儀 洪武三十一年任

羅仕勉 洪熙元年任有傳

程義和

張　朝 莆田人

張宣青神人監生景泰四年任有傳

張明金壇人

趙貞

鄭昱正統年間任

余康莆田人進士成化年間任

黄道

周昺華亭人進士

沈鶴華亭人進士宏治年間任

魏程建昌人

何　鰲順德人進士正德三年任擢監察御史有傳

馮　恩泗州衞人

鄭應文順德人

李惟貞太倉州人正德七年任有傳

陸　元臨川舉人

鄭　舉閩縣人

陳爾正南昌人嘉靖十一年任有傳

程紹頤太湖人監生嘉靖十一年署任

陳　元峽江人嘉靖十六年任有傳

陳　澤 南海舉人嘉靖二十四年任擢南直監察御史有傳

邢夢珂 高淳人嘉靖二十八年任

羅見麟 番禺舉人嘉靖三十一年任

陳文靜 莆田舉人嘉靖三十三年任

馬汝徯 莆田舉人嘉靖三十九年任有傳

張應亮 高淳舉人嘉靖四十二年任

彭　适 溧陽人監生隆慶元年任

朱　芾 黔江人監生隆慶三年任有傳

勞銘夔 懷寧人萬歷元年任有傳

沈維龍 南安舉人萬歷二十年任入名宦有傳

陳九功 南昌舉人萬歷七年任有傳

史著勳 桂林舉人萬歷九年任

黃文明 懷寧人選貢萬歷十二年任

詹秉龍 泰寧人選貢萬歷十四年任

周道長 成都人選貢萬歷十八年任有傳

鄧建邦 全州舉人萬歷二十一年任有傳

李　質 朝陽人歲貢萬歷二十五年任有傳

熊懋官 石城舉人萬歷二十八年任有傳

沈立敬溧水人萬歷三十年任有傳

張學書平樂人選貢萬歷三十二年任有傳

陳鍾琄惠安舉人萬歷三十四年任

潘學孟六安州人萬歷三十八年任

郭際美萬安舉人萬歷四十一年任

汪獻忠歙縣舉人萬歷四十五年任

馮大受華亭舉人萬歷四十八年任

樊鑑歸州人天啓三年任有傳

王士焜崇仁人天啓六年任

陳國璧連江人崇正三年任

趙　璧太湖舉人崇正六年任

楊芝瑞當塗舉人崇正十三年任入名宦有傳

陰佑宗內江舉人崇正十七年任

國朝

李肇勲華亭舉人順治二年任

謝士登南昌人順治五年任

鄭國位遂東人生員有傳順治七年任

石鞏垣清苑舉人順治十二年任

王之垣絳縣人歲貢順治十六年任有傳

高　嶸寶鷄人恩貢順治十七年任有傳

程維伊蘄水舉人康熙三年任有傳

李衷繡新安舉人康熙十五年任有傳

羅異秀陝西人貢生康熙十七年任

梁允桓真定人拔貢康熙二十五年任

李文英正黄旗監生康熙三十二年任

李容之山東人貢生康熙三十七年任

薛爾昌兗州人進士康熙五十五年署任

王開泰 湖廣人進士康熙五十五年任

李飛鯤 江南人進士康熙五十七年任

于樹範 金壇人

李廷宋 四川人進士雍正七年任

徐羲麟 正白旗舉人雍正八年復任

程煜 樂平人

郭從善 山東舉人乾隆三年任

鄒儒 樂平人拔貢乾隆六年任有傳

蔣溥 長洲人例監

裴世賢渭陽人

王者棟無錫人進士乾隆八年任

黄鉦鄧州人拔貢

郭梁山東舉人乾隆九年任

蔣潤舊名溥乾隆十年復署

鄧觀瀘溪人進士乾隆十一年任

孫宸輔青齊人乾隆十二年署

景皐安邑舉人

羅岳珪晉江人進士乾隆十九年任有傳

李　化　汞城人副榜

陳春芳　鄭州舉人乾隆二十二年任

興　福　鑲黄旗人

粱監校　平陸人進士乾隆二十五年任

多澤厚　阜城舉人乾隆二十七年署有傳

張　儼　蓬萊舉人乾隆二十八年任

張天相　陽武舉人

李　芾　三原人進士乾隆三十二年任有傳

張力行　湘潭人署

嚴灝署

唐若瀛三原舉人乾隆三十六年任有傳

熊珍宛平舉人乾隆三十八年任

孟毓楷長洲人署

楊燕嘉應州人署

董畢繙萬泉舉人乾隆四十年任有傳

徐傳一崑山人附貢乾隆四十二年任

裴遹文曲沃人署

吳越長洲人乾隆四十二年署

陶漳淦長沙人乾隆四十五年署

王恒遵義舉人乾隆四十六年任

朱鍾麒貴州人進士署有傳

趙域文安舉人乾隆五十年任

莫景瑞安定舉人乾隆五十一年任有傳

徐傳一復署

張玉田涿州舉人乾隆五十四年任

李寶型東光舉人乾隆五十六年任

戈廷楠獻縣人乾隆五十九年任

魏夔龍德州舉人嘉慶元年任

張　震清泉舉人嘉慶三年任

關學優順德舉人嘉慶四年任

黃友教長沙解元嘉慶七年任

葉萬楷嘉慶九年署

劉種桃彭澤人拔貢嘉慶十年署

吳　沆山西人進士嘉慶十二年署卒於任

彭志傑湖北舉人嘉慶十四年署

黎葆醖南昌人進士嘉慶十四年署有傳

嗚　山正白旗人生員嘉慶十五年任有傳

呂　瓚廣西人進士嘉慶十八年任有傳

沈尚恩宛平人嘉慶十九年署

譚正坤南雄州人拔貢嘉慶十九年任

沈尚恩復署

孫榮績四川舉人嘉慶二十三年任

崔　進安徽人道光元年署

樂　韶雲南舉人道光二年署有傳

黃　煥雷州拔貢道光三年任有傳

朱　瀚常州人道光九年署

陳文治雲南舉人道光九年署

吳綸彰肇慶人貢生道光十年任

湯金策河南舉人道光十六年任

沈　中奉天進士道光十八年任

張承炳四川人道光十八年六月代理

楊炳奎陝西舉人道光十八年署

宋　琛直隸舉人道光十九年任

蔣兆駱江蘇人道光二十三年代

程慶森 四川墊江縣舉人道光二十四年署

龔 翔 安徽桐城人道光二十五年代

馮 格 山西代州人道光二十六年署

黃汝梅 山西平定人進士道光二十七年署

鳳 柃 滿州鑲紅旗人進士道光二十八年任有傳

英 璐 溫州府通判咸豐二年代

李家鵬 山西翼城人舉人咸豐二年署有傳

王汝郁 山東諸城人舉人咸豐五年署任

萬方清 江西南昌人咸豐五年代

舒　逵江西進賢人舉人咸豐五年署有傳

陳鳳桐山東濰縣人咸豐六年代

周李燮順天大興人咸豐七年署有傳

楊[illegible]鉦[illegible]南昆明人咸豐八年代

葉寶田順天宛平人咸豐九年署

范先疇順天大興人咸豐九年署

何福恩山西靈石舉人咸豐九年任

吳定保江西餘干人同治三年代

程國鈞安徽歙縣人同治三年署有傳

陳喬覺廣東四會人舉人同治三年任

蔡　烜江蘇吳縣人同治四年署有傳

呂懋榮江蘇陽湖人同治五年署有傳

劉　濬祖籍江蘇武進大興廩貢七年署有傳

彭潤章貴州貴平人進士同治八年署有傳

汪　斌安徽懷甯人同治九年署有傳

林步瀛福建永福人進士同治十年任

陳同恩江西新城人同治十一年署

林步瀛同治十三年復任

史恩緯順天宛平人光緒二年七月署

縣丞

明

魏明德洪武十四年任有傳

傅　俊貴池人

羅　穰吉水人

韓　繡江津人

吳　華灌陽人

阮廷貴永州人

周　顒高平人景泰年

傅　恭

方希勝

王廷相吳縣人成化年任有傳

蘇　相南海人

周　憲餘干人宏治年

郭　珊建平人　　鄭紹銓上杭人正德年

劉　正嵩明人　　徐　辦淮衛人嘉靖年

嚴　客丹徒人　　何子真華亭人

陳　楷揚州人　　陳　敷弋陽人

馬　瑀山東人　　黄德輿晉江人

范學顔靖江人　　程　黙宿松人

隆慶元年此職裁

主簿

元

張廷瑞　張榮

明

劉茂洪武年間任有傳　陳節

林顯福清人　王函

滲蘭　胡璽歙縣人

汪源樂平人

嘉靖七年此職裁

典史

明

季彦魯洪武年 胡暹
陳喬壽莆田人 汪鰲舒城人
王懷當塗人 許韶宜黃人景泰年
郭仲一仙游人 蕭印番禺人
詹漢弋陽人 林薇貴池人宏治年
余鳳潁川人嘉靖年 林敘莆田人
陳蘭秀南昌人 熊泰南昌人
曾朝俸豐城人 楊世隆當塗人
王模懷安人 陳子實石埭人

孟　廸徐州人　　黄仁先臨川人

徐行道豐城人　　王圖久霍邱人

王　宷丹徒人　　余一治大田人

蘇仁愛石埭人　　謝惟顯信豐人

汪雲鳳舒城人　　陳　紀安遠人

王國才樂平人　　李忠遠懷遠人

周光範上曉人　　張春芳寧化人

舒啓英婺源人　　李廷芝高安人

楊復聖始興人　　游士愷當陽人

李用行 程鄉人　鄭繼先 南城人

沈世永 石埭人　方從廉 莆田人

國朝

羅賢臣 順治年　潛起龍 南昌人

張文瑋 膚施人　侯正官 陝西人

胡應泰 吏目大興人　喬孔衍 富平人康熙年

張令名 山西人　馮燦 山西人

毛晃 蕪湖人　高托 無極人

楊維儀 江南人　張文錦 直隸人

朱　廣江南人　　孫　棟河南人

朱懋文宛平人乾隆年　　張振芳繁峙人

梁　森府經廳署　　陳　謙大興人

陳子佳揭陽人縣丞署　　劉揵三昌樂人

徐　信　　鄒景椿武進人

都　會桐城人　　董敦禮黃平人吏目

林　誾署　　楊毓麟

馬光煒懷寧人署　　達克勤大興人

曾廷棟主簿署　　朱宗海大興人嘉慶年

魯淇欽新城人

夏立基江蘇人道光年

張廷奇濟南人

鄭　堂浦城人

胡庚吉江蘇人

張學廣湖南人

程尚烈安徽人

沈　仁江蘇人道光十七年署

余　枚大興人十七年署

武廷杰大興人

黄鳴聲嘉應州人

宋清晏湖北人

陳若椿江蘇人

牛　晟大興人

潘周銓安徽人

馮光周湖北人道光十六年署

王九如道光十七年署

唐　勤江蘇人十八年署

江承訓江西人十九年任

孟光裕陝西人廿五年代

江承訓廿五年十月回任

黃敬忠廣東人廿八年代

吳　英常州人廿八年署

沈際樹大興人廿九年任

胡貞泰安徽人三十年任

陳鳳桐山東人咸豐元年龍泉縣丞兼理

張炳鍾大興人咸豐二年署

葉　鳶吳縣人二年任

王大乾宛平人四年署

楊時和宛平人六年署

林　俊大興人七年任

莊慎樞常州人同治二年署

曹　慧長沙人三年任

劉瀚沅旌德人四年代

金作礪吳江人四年署

汪時慰安徽人五年署

戴百川鎮江人七年任

丁　珣天津人八年任

吕聲正江蘇人光緒元年署

左化虎四川人元年任

教諭

元

董　彝樂平人至正年

明

夏　禮洪武年　　張　遠

朱　觀宣德年　　鄭師陳莆田人正統年有傳

謝文禮將樂人　　汪　澄懷安人

陳紫薇　　邢　瓛當塗人成化年

孫繼祖聊城人嘉靖年　　留　倫晉江人

吳　瑞鄱陽舉人　　朱　陳上元人

方　樸鉛山舉人　　謝應奎湖口人

王國相晋江舉人隆慶年有傳　薛廷寵惠安舉人

顧翼高上海人萬歷年　毛存奎松兹人

曾守唯清流人　徐顯臣永康舉人

徐　文吳縣人　謝承聘於潛人

韓仕明光化人　吳逢堯餘干人

張　華博羅舉人　葉文懋龍游舉人

葉文彌都昌人　楊開先商河人

葉中理德化人　余沛然建德人

周　渻蕪湖人　夏舜臣建德人

高士選德清舉人　胡若宏湖廣舉人

沈明時新城人　王至道汀州人

錢永憲杭州人府志失載　余璋平陽人

徐應亨蘭溪舉人有傳　鄔承華寧海人

徐鶴朋海塩人　胡寅賓湖州人

林永春泰順人

國朝

朱化熙遼東人順治年　駱起明諸暨舉人後陞知縣有傳

張晋餘姚舉人有傳

順治十七年裁汰康熙十五年復設

馬　青 會稽舉人康熙年

屠樹聲 仁和人貢生

陳　灝 會稽舉人

徐景瀚 餘姚人拔貢

胡　玠 臨安舉人後陞知縣

史紹武 仁和人貢生

戴志逵 溫州人拔貢

曾　士 會稽人貢生

曹源郁 嘉興人副榜

孫之騄 仁和人貢生雍正年有傳

范光曦 寧波人署

徐宏坦 臨安人拔貢

吳匡經 仁和人副榜

吳　超 山陰人副榜乾隆年

駱承運 臨安人署

王應辛 山陰人副榜

汪本乾淳安人廩貢　沈光厚歸安舉人署
孫　源烏程舉人有傳　徐世壽杭州舉人署
丁　葵會稽舉人　顧一清海鹽舉人署
王　炳金華舉人　葉德風寧波人副榜署
楊保樑山陰舉人　程　琛昌化人貢生署
錢廷錦紹興人副榜　王日華東陽人拔貢署
章觀嶽瑞安人拔貢　吳　溶錢塘舉人署
吳　江建德舉人　朱　鋼寧波舉人
吳　樾象山廩貢、署　鄭之艮永嘉拔貢

王映辰浯安廩貢　林大經甯波舉人
查世瑛嘉興舉人　馮春潮紹興舉人
孫仁崵仁和廩貢　許惟權松陽教諭兼攝
詹世鏞衢州廩貢
沈鏡源湖州舉人
倪始瀕會稽廩貢
呂榮華嘉善舉人道光十四年任有傳
洪禹鈞慈溪舉人道光三十年署
朱元佑海甯拔貢咸豐元年任有傳

孔憲釆桐鄉廩貢同治元年署有傳

馬斯臧會稽廩貢四年任

徐鳴盛常山廩貢五年署

潘福恩玉環增貢六年署

施畿封烏程歲貢生七年署有傳

李國華臨海增貢八年署

韓錦濤蕭山舉人九年任

曾鴻昌瑞安附貢九年代

王啟忠鄞縣附貢九年署

韓錦濤十年七月復任

曾鴻昌十二年十一月復代兼理訓導

張心穀建德歲貢十三年六月署

韓錦濤十三年七月回任

訓導

明

楊　弼高郵人洪武年　吳　經順德人

王　参福安人　潘　初麗水人貢生

李文魁古田人正德年有傳　沈　濟

林梓 海豐人 景泰年
黄廉 南安人

王奎
吳騏 南平人 成化年

朱鎮 宜春人
李彪 餘干人 宏治年

楊賢 南城人
劉廣珠 潮陽人

唐邦用 侯官人
李輅 兖州人 嘉靖年

范繼隆 大田人
林一桂 閩縣人

尤琢 無錫人
陳雲騰 大田人

吳從周 邵武人 有傳
劉安 荆州人 隆慶年

方一梧 莆田人
余世貴 連江人 萬歷年

車　鏑將樂人　　周　介萬載人

龐　熙廣西人　　胡鳳陽榮縣人

謝子蕙建德人　　柳鳳儀建德人

駱問學諸暨人　　徐應斗蘭溪人

方應卿吉安人　　孫祉遠豐縣人

侯　綬德清人　　鄭　重西安人

夏紹元當塗人天啓年　　賈應忠清州人崇正年

林如周侯官人　　譚自勝茶陵人

鄺健齡山東人　　鄺用賢諸暨人

越士蔚貴州人

國朝

葛光縉寧海人歲貢　周廷俊諸暨人
周之翰新城人康熙年　戚光朝金華人歲貢
葉榮龍游人歲貢　周于德武義人歲貢
婁茂澄仙居人歲貢　邵颺言上虞人貢生
高文煌山陰人貢生　唐虞際海鹽人貢生雍正年
萬奕煒武康人貢生　葉士超金華人
范其揆寧波人　俞樹鍭臨安人乾隆年

許青虬平陽人　林永芳永嘉人

徐天秩湻安人　潘　煋署

詹一城常山人　談企曾署

孫　榮定海人　孫時泉東陽舉人

周紹洙仁和舉人署　莊峙峨鎮海舉人有傳

崔懋儁歸安人廩貢署　俞　涱錢塘舉人

葉邁倫金華人廩貢署　程玉麟湻安舉人

程　琛復署訓導　徐　藻海鹽歲貢

王　鍨鄞縣人廩貢署　胡曾肇德清舉人

葛　覃慈溪廩貢　　王　壇山陰舉人

孫同元仁和廩貢　　陸泰交歸安舉人

俞　鋐紹興廩貢　　許心坦仁和舉人

趙貽孫蘭溪舉人　　徐　球蘭溪廩貢

羅張揆烏程舉人　　王　勉蕭山舉人

沈錫疇烏程舉人　　沈俊發湖州貢生

王煥然餘杭廩貢　　濮　鑽嘉興副貢

錢嗣濂象山歲貢　　洪時濟遂安廩貢

章　復會稽舉人道光十七年任

鄭榮美遂安廪貢道光廿四年署

郭聞政金華舉人二十五年任

沈樹蘭錢塘舉人二十八年署

陳　敦歸安廪貢二十八年署

范　樾鄞縣舉人二十九年任

姚成濟仁和舉人咸豐四年署

邵　塏餘姚舉人五年任

胡　琎錢塘舉人龍泉訓導五年兼代

洪禹鈞慈溪舉人六年署

姚韞語仁和舉人七年任兼理教諭

吳景熙臨安廪貢同治元年署

謝　采上虞舉人同治三年任兼教諭

丁恭壽嘉興附貢十年署

許秉常富陽舉人十年任

龐雲驤玉環廪貢十三年署

高鳳藻烏程附貢光緒二年署

治行附

召父杜母史稱循良以其利澤在人也吏治茂

則循聲著桐鄉去後之思口碑猶存奚可無傳也前事不忘庶幾後事之師謹書之以備考焉

宋令

富嘉謀襄惠寬仁清慎平簡慶元三年以松源鄉立縣受符涖任始辟街衢營公署立學校建壇壝一切制度皆其創舉不期年而就民無勞擾

祀名宦

知縣

明

董大本洪武十四年復立縣公署學校久廢公提符受事寓大銘寺次第修舉撫民寬厚馭吏嚴明有循吏風至今慕之

曾壽清忠愛民百廢俱興夏亢旱苗多枯槁公始經理陂堰引水注田民賴無饑後以惡石抹申攻縣擄掠執公使降抗節不屈引頸就刃遂遇害民哀之如喪考妣祀名宦

羅仕勉廉明果斷民有私採銀礦者發覺錦衣百戶田福按縣拘捕良民悉受其害公不避奸勢

遂二一奏聞以寢其謀時稱能吏

張宣持巳謹厚處事明决在任九年政平訟息理

盜安民如何武當年去後常令人思

何鰲慎行敦節愛民禮士先賦無定式隨田多寡

爲戸民病之乃平其田以二頃爲一里彼此適

均戸無偏累輕刑緩賦革弊省費民德之後擢

都察院副都御史

李維貞初授浦江教諭正德七年至任宅心仁恕

愛民如子凡干以私者悉斥之時旱行禱於蕪

山之巔拜伏烈日中不起須臾大雨是秋豐稔民深感之

陳彌正南昌人廉潔自矢質直不阿公而且明吏不忍欺民無越訴後以憂去歌咏不忘

寗元峽江人厚重簡默有古人風時值開礦民苦油糧之費復立礦稅徵額民愈不堪公乃固請損其數以蘇民困遂忤時罷去人多爲之泣下

陳澤南海人性勤敏才練達山寇猖獗公率兵捕之斬首百餘級寇乃平時邑無城申請鬻寺田

及公署故址充費不逾年而城成民賴以安尋擢南京監察御史

馬汝徯上元人清愼明敏時值大造奸胥受賄滋弊悉親自簡閱以鏡弊源版籍一歸於正尋入覲致仕歸

朱芾黔江人簡重慈恕雖盛怒不形聲色待士以誠遷學修城經理有序不濫科罰以病民士民德之

勞銘蘷懷寧人秉性儉約處事明決愛民禮士民

貧不能耕者助之建義塚置漏澤園以瘞卒於官士民無不哀悼

沈維龍南安人廉明剛毅剔奸釐弊修邑乘置學田苞苴盡絶竿藏肅清縣令汪獻忠詳准入名宦祠

陳九功建昌舉人博雅大度公平明決實意御下尤加意學校開渠引水以防火患期年政聲大著調繁麗水合邑留詩爲別

周道長成都人平賦役課農桑周助不給鰥寡孤

獨尤沐其施偪蝗入境引咎籲天羣鳥競食殆盡咸稱異政且孝友性成每思親輒至慟哭竟以告養歸士民如失慈母

鄧建邦全州人慈惠清慎政務簡靜糧䆿一清倡造八都槎溪橋尤利民之大者

李質廣東普寧人簡易慈祥不阿勳勢時有奸民以沒官田私獻勳臣廉得其實上之當道以重法繩之遣戍者三人自是權貴惕然邑無騷擾去之日老穉號泣隨之懇留衣冠寄思焉

沈立敬溧水人簡約裕民凡陋規悉行釐革至今便之擢叙州別駕

張學書廉明仁恕先是慶有商鹽之害官吏受賕役丁夫由龍泉轉運抵邑高騰市價使鋪戶屯賣鹽復穢惡食者多病商坐取盈額致鹽戶傾家貿子女以償公目擊民苦詣鹺院請命願免官以除民害臺使可其請咨部每歲納包引課銀四十一兩八錢二分不許商鹽屯賣乃著鹽書以垂永久民困始蘇又礦稅徵溢額數倍公

爲裁損僅足額而止當道又檄民充木戸鄰邑騷動公獨申地僻民貧不產巨木卒賴以免他如罷里甲蠲贖鍰至割俸以充費涖任三載祥刑息訟課士賑貧聿豺祭畜公疏於城隍明日遂遁至有自斃於山者一時稱異尋擢守真安父老攀轅有贈金佐道里費者卻不受相與建祠祀之後商鹽復至民益思公不置云

郭際美萬安人方正慈儉邑自蛟水爲災田多漂沒民苦輸稅而糧里復增額外之費公絛上草

禁之歲省數百金發倉賑恤單車徧行村落戶

閱而賑給之

樊鑑風雅有才政多更新龍山諸勝皆其開創邑

政臥理時登山遊宴賦詩民以風流仙令稱之

楊芝瑞廉明勤敏令行如風雷凡有益於民社者

無不盡心尤以作新士類爲首政修城池築六

隘建詠歸橋補天閣修堰灌田百廢具興禦盜

有功民獲生全尋陞武定知州卒於官祀名宦

國朝

鄭國位遼東人精明廉幹慈愷愛民政治井然可
觀年甫十九而老胥猾吏不能舞文弄法重建
楊公左橋民無病涉待士誠禮交致合庠德之
卒於官士民哀悼不忘

王之垣絳縣人仁恕强明苞苴屏絕惠民愛士有
良吏風未二月卒於官囊槖如洗合邑驚悼不
已賻之柩乃得歸

高嶙寶鷄人練達勤敏動應機宜公餘賦詩臨池
有李北海風建城隍廟尚書坊濬泮池治行多

可觀焉

程維伊楚黄人至誠愷悌蒞任九載竪城樓清地畒蘇盬困修邑乘建橋梁百廢俱興尤加意人材置育英儲英二莊召邑弟子員課藝其中并買租田作文士鄉會兩試之費丙午秋爲同考官當湖陸子清獻即其門下士也次年延居絳帳風爲丕變辛亥歲亜饑單騎詣勘力請題疏蠲免丒供一千四百二十兩有奇後以憂去士民如失慈母

李衷繡直隸舉人康熙間任時耿逆初平相機招撫殘黎頓以復業適遇採辦大木公以地方凋敝不堪任役力爲减觧又立文社於石龍山寺親自課藝其中朝夕饔膳悉捐俸以給至今談者有千載一時之感焉

鄒儒樂平人政主愛民而事必依法凡勸課農桑完糧輸穀皆畧官民之分儼若家人父子互相勸勉至于奸宄蠹書則必盡法懲之不稍貸也邑向無肄業地獨捐已俸建對峰書院置田租

以作師生脩脯膏火之資卽各鄉家塾亦常載酒餚紙筆以勸課之在任年半以讀禮歸所著有松源偶紀企嶧時文泊陽經解行於世

羅岳珪晉江人簡潔厚重審理詞訟筆楚不濫尤加意人材邑有篤行勤學者厚禮待之卒於署

多澤厚由舉人署縣事廉静寡慾不事刑威公餘常召諸生講學先品行而後文藝生平工於楷書學者宗之

李芾三原人清謹有惠政時奸商妄聳 上憲復

圖捄害公獨勤勤懇懇再三申詳蒙　各憲仍以聽從民便批示合邑始不驚擾

唐若瀛陝西人潔已愛民尤崇儒重道時　文廟傾圮捐俸倡新涉冬夏不倦後以憂去

董暈縉由舉人知縣事衣麤食糲一介不苟凡公出行李無異寒士工於書寫因不阿上官左遷教諭鄧任時猶以勤學力田囑咐士民

朱鍾麒由戶部主事改試用知縣署本縣僅三閱月聽訟明敏凡累年未結案牘讞斷一空民無

鞫訟後調諸暨知縣

莫景瑞瓊州人秉性耿介同寅契友並不敢干以私善水鑑士民或良善或奸巧一經品題罔不恰肖每斷大案必誓告神明因無冤獄後以憂去寄寓括郡宦橐蕭然

黎葆醇江西南昌人博雅仁愛奉檄署理慶篆甫到任路至竹口一聞慶飢先行發諭糶濟吏以開倉須俟詳准乃可公忿然作色曰如俟詳准則往返多時吾民不堪生矣倘以先糶後詳爲

罪救萬民罪我一人可也其罪我合當之卽毅
然糶濟閤境沾惠民賴以安且留心訓課振作
士風閤庠感戴不逾年尋陞瑞安知縣

鳴山正白旗人寬慈大度政尚愛民不事嚴酷聽
訟時雖得其情猶存矜恤歲歉平糶出入公平
民皆悅服而且捐俸二百餘金倡修　文廟尊
師重道優禮士林旋調山陰士民感激

呂璜廣西永福人以進士擢署慶元知縣明決果
斷民訟卽時判結終日身坐宅門內大堂旁側

查察奸蠹稍有胥差舞弊無不盡法懲治咸稱神宇每與諸生講論談文儼若師生前張程二公設置儲英育英二庄田租助士人鄉會試資費幾至有名無實公釐剔改正俾沾實惠又捐俸銀一百餘兩買大坂洋田租五十餘把添作士子資費公纔適年即讀禮卸事臨行猶與士民不忍別

樂韶雲南晉洱人磊落魁偉廉明慈愛重士恤民建造嬰堂以廣好生祭神逐虎而息民患胥差

歸農囹圄空虛尋調蘭溪知縣去後人猶念之

黄焕雷州遂溪人清慎明慈修廢舉墜建造文昌後殿重修石龍山亭復設社義倉穀以備歲荒疏通城内水道以防火患培養人材士沐其惠減價平糶民沾其恩後以憂去宦槖蕭然閤邑士民餽贈而歸

鳳柃滿洲鑲紅旗人道光間由進士授縣事篤實廉明民心悅服尤殷樂育捐廉課士弁集紳董採訪節孝彙請旌表後以調繁去士民慕之

李家鵬山西翼城人由舉人署縣篆才幹優長折獄明決捐廉倡修石龍山寺并集紳捐建節孝總坊以勵貞操尋卸任去殁於省邸士民悼之

舒逵江西進賢舉人咸豐間檄署縣事清慎明敏有古循吏風尤培植人才捐廉俸以資膏火公餘爲士子繩削課藝一時沾教澤者如坐春風後以勞卒於官士民哀悼不忘

周李爕順天大興人咸豐七年署慶篆政持大體不尙煩苛時粵匪猖獗閩省戒嚴慶接閩疆爕

下車卽率紳捐修各隘爲防禦計八年賊氛逼近相地勢集民團募壯勇扼要防堵地方賴以保全吾浙七十餘州縣率被蹂躪惟慶稱完善焉後以讀禮去士民至今感戴

程國鈞安徽歙縣人同治間署縣事廉明果毅積年陳案排日讞決不事敲朴民情悅服邑僻瘠産米無多每屆青黃不接時貧民乏食輒聚衆滋擾積習相沿由來已久國鈞力爲整頓宿弊遂除貧富相安無事邑之角門嶺向有程公橋

康熙九年知縣程維伊捐建火廢於水國鈞力倡復之甫興工旋解任厥後輿梁告成民無病涉實由國鈞之善謀始者矣

蔡烜江蘇人同治間署縣篆長治才能幹事勸捐社穀儲義倉以備凶荒酌撥寺租歸書院以充膏火後以代去士民懷之

呂懋榮江蘇陽湖人同治間署縣事嚴正廉明決獄勤敏凡有益民社者靡不力圖其成邑

關帝廟舊制狹隘率董倡修廟貌巍峩甲於他

邑竹口公館及官倉年久傾圮捐廉重新續成
程公橋榮力居多尤加意人材清釐書院田爲
生童膏火需并撥新窰租佐士子賓興費莅慶
兩載百廢具舉旋補分水去任士民頌德不忘
劉濬大興廩貢生祖籍江蘇署縣事性嚴明才練
達興養立教次第舉行捐廉重修　先農廟暨
武廟後殿門廡加以丹漆尤善應變是年九月
十一日山岱齋匪竊發焚掠數村幾至燎原濬
聞警星夜調營卒集民團募壯勇督同紳士分

隊攻勦閲三晝夜直搗賊巢殲厥渠魁悉數撲滅百姓得安衽席事平復興善堂設義塾賑窮獒諸善政難以枚舉後卸篆時士民遮道泣送如赤子戀慈母焉

彭潤章貴州黄平州人同治戊辰進士署縣篆廉明果斷摘伏如神開誠布公民皆悦服邑山多田少歲歉貧民乏食潤章單騎親履各鄉採運穀石裒多益寡貧富相安旋以調篆去至今謳思益切

汪斌安徽懷寧人同治間權慶篆清慎明敏聽斷多材郵窮婺端風化勸捐社穀整頓嬰堂一切善舉悉心擘畫尤重士有文行優長者隆禮待之邑演武廳向在雲鶴山麓斌以舊址有妨龍脉捐廉徙雲龍門外東門城樓傾圮分俸倡修惜未及一年而瓜代士民扶老攜幼遮留塞道

明縣丞

魏明德創始立法愛民猶子時青田寇葉丁香吳達三等作亂朝命延安侯統兵剿捕侯以邑之

二都與賊連境欲戮其衆公乃直抵軍營泣涕白侯曰吾邑民悉從化無從盜叛逆者公戮之是汚良民也請以身代侯重之其事遂寢民得全生至今咸蒙其德

王延相吳縣人清介自持臨事不苟胥役不得售其奸後以病卒於官宦橐蕭然止餘柴薪銀肆兩清操聞於一時

明主簿

劉茂時山寇夏清四等連肆侵掠不時抵縣民不

貼席公率居民吳德誾等設攻禦禦破賊鋒民獲

安堵任滿陞河陰知縣

教諭

元

董蘷樂平人至正間三領鄉薦授慶元學正敦學

礪行學者一時丕變繼拜端州路録事洪武初

召拜國子録所著有二戴辨四書疑問平橋詩

文集見樂平縣志

明

鄭師陳莆田人明教條嚴考課講明經義士風丕變諸生德之弗忘

王國相晉江人博古能文作易經講意訓諸生考課嚴勤士氣振作尋擢廣東瓊山知縣

毛存奎松慈人古雅淵博善著述訓誨不倦士類德之以宋知縣富嘉謀經始有功明知縣曾壽抗節不屈特爲題請從祀名宦大協輿情著有輯禮編閩邑弦誦尋歸士民送之有流涕者

徐應亨蘭溪人純厚敦重爲士典型博古工詩賦

著有十笏齋稿四十卷行世

國朝

駱起明諸暨人敏捷有氣節善藻鑑人品專以公車業課士文風丕振尋陞雞澤令

張晉餘姚人性寬和有盛德厭譚勢利以文行訓士閤庠衣德以病卒諸生哭之皆失聲士民歛緡合賻旅櫬始得歸里

孫之騄錢塘人性耿介博極羣書年逾六旬日與諸生講學不輟所著有松源經說夏小正集解

松源集等卷行世

孫源烏程人性和煦不苟言笑至與士子講解詩文必曲盡其妙尋陞知縣

錢廷錦會稽人由副車克八旗教習出就本學教諭敦厚貞介不苟取與而又和易近人常以品行訓飭士子卒於署合庠賻之旅櫬始得歸里

章觀嶽瑞安人氣度嚴凝才幹優長尤加意造士必維持愛護以振士風闔庠德之

朱鋼寧波鄞縣人温厚和平樸素耿介訓課士子

先重品行而又以知止不辱教爲保身全家之法解組時士不忍別所著有北屏山亭記

鄭之良永嘉人性姿磊落書法雄勁有學有才訓課之暇士人有控爭者即招署理釋惜遘疾而終闔庠賻之歸里

林大經寗波舉人任教諭古貌古心禔躬謹飭訓課生童不計脩脯有無先品行而後文藝士林咸高其誼

查世瑛嘉興舉人署教諭涵養深純耿介自矢日

與諸生講學不倦凡進質詩文卽面爲改正無不出經人史士多景從文風丕振

馮春潮會稽人由舉人授教諭學問閎博口不言私行多古道凡探奇審問有叩則鳴不憚窮源竟委詳發其奥且謙而有禮所著有金帚集詩刊行於世

呂榮華嘉善人道光間由舉人授教諭學問淵博日與諸生講論詩文引經據典本本原原秉鐸垂二十年士風爲之一振後以病卒於官闔庠

悼之

朱元佑海甯拔貢任教諭中咸豐壬子副車性耿介好古道博學能文造就甚衆咸豐戊午赴秋闈歿於省寓人咸惜之

孔憲棨桐鄉廩貢署教諭性嚴直饒經濟訓廸有方士心悦服辦公勤敏清操絶俗先櫂景甯教諭後調慶元士林均深愛戴去後益切人思學問尤博述作甚富有典型録金石録小桃源紀畧東家外史東家雜記西征日記遇安居尺牘

海疆綑事等集待梓

施羲封烏程歲貢同治間署教諭性和厚品端方學究本原每與諸生講文藝必以經史相勗士有積學砥行者尤加禮焉後卒於任闔庠賻之

歸

訓導

明

李文魁古田人秉性端嚴持身不苟立科條勸教誨有古人風諸生歲考貧不能往者出俸金濟

之與知縣何鰲同官時有縣學雙清之譽

吳從周邵武人性剛直博學好詩視邑篆益加清愼時山寇臨城公誓以死守至七日賊遁去以城西在山之下懼寇登攻遂申請當道改築西城跨山之巔捐俸首築二丈以爲民式保障之功居多尋陞國子監學正

國朝

莊峙峨鎭海人和平樂易雅尚清操與生徒接不談勢利亦不專論文章士林德之如坐春風

胡會肇德清人博通經史與諸生談論典故凡諸子百家無不源源委委校閲詩文悉爲元圃之光士風從此益振

王壇字蔚堂山陰人博學多識書法豪邁而且平易近人不談勢利與士人講論詩文恍如披雲見月畧師徒之分儼若家人父子誠信宅心忠恕接物闔庠德之尋陞廣東知縣

陸泰交歸安人博學閎詞操履清潔尤雅意造士日與諸生校閲詩文孜孜不倦惜遇疾而卒闔

庠聘之歸

王勉蕭山人襟懷瀟洒博涉羣書訓課諸生援典則滔滔不竭而尤工聲韻脫口如生

# 慶元縣志卷之九

知慶元縣事林步瀛、史恩緯重修



## 選舉志

進士　舉人　徵辟　明經　保舉
議叙　援例　貢監　武職　封贈
蔭襲　耆介　老人

王制命鄉論秀升諸司徒曰選士大樂正論造士之秀者以告於王而升諸司馬曰進士此制科所由始也自鄉舉里選之法廢而科目興由漢歷明選途寖廣我

朝定鼎悉遵舊制二百餘年多士爭自濯磨罔不後先輝映矣溯慶邑自南渡以來人文薈萃彬彬稱盛降及明季選舉漸稀生斯土者若有憾焉豈真地運使然歟昔胡爲人材濟濟今胡爲科第寥寥人傑則地靈是所望於繼起者志選舉

進士

孝廉取士自漢有之進士設科則昉於隋慶雖褊小分治以後第春官膺薦舉者代有其人明之中葉始無聞焉

國初獲雋一人又不多覯乾隆己丑姚子中書粲以優
選策名雁塔姚子華以辛卯舉孝廉不得謂邾
莒小邦無與會盟也爾多士其共勉之

宋

天聖二年甲子科 宋郊榜

吳 穀 官至太子贊善改殿中丞有傳

景祐元年甲戌科

吳 轂 濠州知府特授守秘丞有傳

熙寧三年庚戌科 葉祖洽榜

吳　桓長興宰有傳

熙寧六年癸丑科余申榜

吳　翊池州通判有傳　吳　昇潭州教授有傳

熙寧九年丙辰科

吳　庸官侍制學士贈少師改名伯舉有傳

大觀庚寅科

劉知新狀元及第仕綿州知州有傳

政和二年壬辰科莫儔榜

吳彦申秀州司理叅軍有傳　吳　逵東平州知州

吳　兢本府通判祀鄉賢有傳　吳　樞嘉興知縣祀鄉賢有傳

紹興二十四年甲戌科張孝祥榜

陳嘉猷由神童科官禮部尚書有傳

隆興元年癸未科

胡　紘官吏部侍郎有傳

嘉泰二年壬戌科傅行簡榜

吳懿德官廣州通判有傳

嘉定元年戊辰科

王應麟給事中有傳

嘉定七年甲戌科袁甫榜

吳　淇戶部侍郎有傳

嘉定十三年庚辰科劉渭榜

吳八可湖州總幹

寶慶二年丙戌科王會龍榜

吳巳之知杭州府有傳

嘉熙二年戊戌科

吳　椅韶州知州有傳

寶祐四年丙辰科文天祥榜

吳松龍松溪縣尉有傳

明

永樂十三年乙未科

鮑　畢西隅人南京禮部主事有傳

嘉靖八年己丑科

胡　俸行人有傳

國朝

乾隆三十四年己丑科陳楚哲榜

姚　梁後田人第二十名官內閣中書

舉人

明

永樂三年乙酉科

姚　珙上倉人衛輝府通判有傳

永樂九年辛卯科

吳仲信上管人泉州府通判有傳

永樂十二年甲午科

葉　祥西隅人有傳　　鮑　畢西隅人乙未科進士

永樂十八年庚子科

趙　樞南門人雅州學正有傳　　吳仲賢三都陳村人有傳

永樂二十一年癸卯科

吳　源安溪人淮安府經歷

正統六年辛酉科

鄭　熊

成化辛卯科

吳　譽安溪人建寧訓導有傳

宏治八年乙卯科

吳　潭下管人常德府推官改安吉縣通判有傳

嘉靖七年戊子科

胡　俸廣西儀衛司籍己丑科進士

隆慶丁卯科

姚　英後田人廣州府同知

萬曆九年壬午科

姚文焻後田人順慶同知姚文焻原名文溫有傳

國朝

順治丁酉科

葉上選後田人順天中式第三十三名會稽教諭

乾隆乙酉科

姚　粱 后田人中式順天鄉試第三名己丑科進士

乾隆辛卯科

姚　華 后田人

嘉慶戊午科武舉

吳玉衡 上管人

嘉慶己卯科武舉

吳　芬 上管人

道光丙午科武舉

吳泰西隅人

咸豐乙卯科武舉

葉成豐二都人

同治四年補行己未辛酉科武舉

李正標后寮人

同治六年補行壬戌丁卯科武舉

葉以忠二都人

徵辟

元

吳　平上管人授福建松溪尉轉浦城尉

楊世立湖北崇陽知縣

姚　棨邑主簿

葉山城北門人河南候補府尹

吳　鉄上管人授福建延平府府尹轉延建邵道

明

吳　達上管人鎮江知縣　　吳子榮

林存中北坑人廣東南雄府通判　　吳子達

葉世卿一作仁卿福建福清知縣　　楊彥舉

葉仲眞湖南黔陽縣主簿　吳佳

童德炎外童人廣東博羅縣丞　吳鸞

潘錦歷下管人涿鹿四衛經歷　陳禮宗

吳圜上管人福建泉州府通判　吳元輔

吳子昇上管人廣東安定縣知縣　吳元益

吳河下管人四川順慶府經歷　姚仲剛

吳滿雲南烏撒軍民府照磨　童義方外童人

吳在上管人江西豐城縣巡檢　吳仕安下管人福建泉州府通判

葉得興東隅人工科給事中

## 明經

選舉之下有明經考前代三途並用名雖不同而其始進以正則一也欲釐其科分可不從而誌之歟

明

洪武年

葉廷備十三年恩選福建浦城知縣

吳道保　吳熊

崔中江西浮梁縣縣丞　吳佐江西大庾知縣

吳 瑁大街人山東道監察御史有傳

楊 溢桂平知縣　　潘 鈞下管人

周 深州判

永樂年

吳 杰下管人刑部主事有傳

楊 銈　　吳 禮上管人江西撫州通判

吳 坦　　吳 愈寶府推官

吳 陳沆陵知縣　　姚永黯后田人

姚永誠后田人蘇州府衛經歷

姚永增後田人　吳秉初商河知縣

葉　洪賢良人　姚克平後田人山西行都司經歷

姚茂誠　姚永勲後田人

季存欽後田人建平訓導　吳長壽池州府通判

吳子深上管人香河知縣　吳子興上管人南陽府推官

吳　象上管人

宣德年

周文廸　謝智清後田人臨安知縣

葉慧清　楊志高

朱　寧汀州府訓導　　賴景行中淤人經歷

正統年

劉存壽　　鮑　琦西隅人零陵知縣

林　敏北坑人　　林　灃北坑人曲阜知縣

葉　盛楠兒葉人經歷　　楊　誠主簿

景泰年

姚道澄叙州府通判　　姚公器池州府檢校

吳　琪上管人　　葉道隆東隅人

天順年

夏大進　　吴　輔費縣訓導

葉　興北門人　　季　朗西隅人鄱陽知縣

成化年

吴汝楨　　周宗林九都遂塘人汀州知縣

夏道保　　陳　洪

楊　善主簿　　吴　潭下管人中宏治乙卯科舉人

吴　盛　　葉惟智東隅人

周鳳岐　　吴　洪撫州府經歷

陳　茂高明教諭　　季　海西隅人

弘治年

吳　文上海縣丞有傳　　吳　紀上管人恩貢生瑞金知縣有傳

吳　若上管人延平經歷　　陳道惠下管人恩貢考授縣丞

葉　泰閩縣主簿　　吳　鍧上管人

葉　儒西隅人　　吳　贊杭橋人連城知縣有傳

劉　育　　周　鐸鄭西知縣

吳　節西隅人新建縣丞有傳　　吳　珦底墅人莆田縣丞

正德年

吳　晏上管人東平州訓導　　吳克禮西隅人有傳

周　鎮河南布政司經歷　　吳　信三都中村人

葉　濬　　季　茂西隅人沙縣縣丞

吳　烈貴州新添衛經歷

嘉靖年

吳　壽浦城訓導　　周　瑛南城訓導

葉文彬北門人盱眙主簿　　周　塤漳平教諭

吳　禋杭橋人宿州同知有傳　　吳　宇下管人將樂知縣有傳

吳伯齡西隅人汀州通判有傳　　陳　裕黄梅訓導

金廷選後田人　　吳　輜修仁知縣

葉　廉　　葉　寵廣西按察司經歷

夏　懋山根人北流知縣　　吳大豪西隅人建昌知縣

吳　安下管人武進縣丞　　吳繼翔建昌主簿

葉　春高州府通判　　吳伯儒西隅人昌化知縣

周　杲東鄉教諭　　葉文溥北門人崇府典儀徐州州判

陳　璋下管人　　葉　相北門人分儀訓導

周　輅周墩人鈞州同知有傳　　周　相周墩人

陳　祚下管人台州府教諭

隆慶年

姚文銓後田人　　吳　比

周期科西隅人恩選　　吳　述下管人無錫縣丞有傳

吳　蓋杭橋人光祿署丞　　吳　統上管人瑞安教諭

萬歷年

葉孔舒後田人元年恩選　　葉沾雨北門人

吳　淵杭橋人　　吳文瀚底墅人縣丞後陞儀徵知縣

吳子直上管人　　季良璣西隅人

姚文溫後田人中壬午科舉人榜名文熠

葉建祥東隅人恩貢尤溪知縣有傳　　吳文淑上管人延平府訓導

吳文源 底墅人豐城知縣　姚文瀾 後田人永嘉訓導

葉應恵 東隅人　季叔明 西隅人無錫縣丞有傳

吳世勳 西隅人恩貢廉州府通判　姚文汀 後田人

吳慶會 上管人恩貢漢陽知縣有傳　周時佐 周墩人永豐教諭

周一桂 周墩人武義訓導　胡泮 官塘人恩貢高要訓導

周宣 西隅人於潛訓導　吳廷叙 淤上人常山訓導

吳溢 上管人仙居教諭　吳敦倫 下管人玉山教諭

葉一陽　陳益國 東隅人平陽訓導

吳芥 東隅人湖口教諭　葉應選 東隅人建寧府衛經歷

葉　　黼後田人荼陵州州判

泰昌年

姚允元上倉人恩貢梓潼縣知縣

天啟年

吳光鋐西隅人恩貢安福縣丞　　吳國紳上管人京選訓導

葉應奎後田人尤溪縣丞　　周班祿西隅人程鄉主簿

季時芳西隅人湖廣岳州衛經歷

崇正年

吳其昌杭橋人恩貢光澤縣丞　　葉應遇二年拔貢

姚汝嘉 後田人撫州府訓導　葉廷神 東隅人

吳高薦 東隅人太平訓導　吳延年 西隅人興化訓導

吳一鸞 下管人　吳希默 上管人惠來知縣

吳　淑 西隅人　吳行可 西隅人建陽教諭有傳

吳高捷 東隅人十六年貢　葉初生 北門人河南巡檢

國朝

順治年

吳鳳翔 西隅人恩貢新寧州知州有傳　吳自明 下管人紹興府教授

吳逢昌 杭橋人歸善知縣有傳　葉馨然 東隅人八年恩貢岳陽知縣

吳貞明下管人吉安永豐縣丞

葉上選後田人恩貢生後中順天丁酉舉人

王錫俸竹口人仙居訓導

吳王眷下管人樂清訓導有傳

葉時秀恩貢滕縣知縣

吳世臣下管人桐廬訓導

吳麗明下管人考授訓導

葉廣生北門人

康熙年

季時英西隅人恩貢

陳箴下管人授訓導

葉馥然東隅人樂清訓導

吳美中西隅人授訓導

吳之騏上管人授訓導

吳于泰上管人

吳運光下管人王子副榜

吳王賓下管人

周亶明 埜宅人十三年貢　季炟 西隅人

葉喬林 上葉人戊午貢考授訓導　葉賡松 北門人

葉翻然 東隅人三十三年拔貢　胡嘉孝 左溪人辛未貢

季時亨 字國昌黃壇人　吳　冲 下管人

葉廷升 恩貢　吳于昊

吳　瑛 竹口人恩貢考授州判　吳　鎬 下管人拔貢

吳　鏐 下管人拔貢　吳　枏 下管人孝豐教諭

吳若儀　葉　珪 後田人

鮑知我 西隅人　吳守一 楊家莊人

余　勳後田人　　季　玗西隅人蘭溪訓導有傳

吳孚中慈溪訓導　　葉夙馨

吳　鏜下管人　　王時起東隅人

王之漣竹口人　　吳廷鏘

吳王春上管人　　吳秉鐔楊家莊人

吳　珩竹口人五十七年貢　　吳令泉上管人

葉以瀞北門人　　周大訓埜塘人拔貢

吳如恒　　葉　藻

周　寧　　吳　澍下管人

雍正年

吳元琯下晉人拔貢　吳名正下晉人

吳令德上晉人　吳爔下晉人

陳于疇下晉人　余極後田人

乾隆年

姚必觀乙卯拔貢原任畢節縣知縣著有紫瀾文稿寸莛編詩集

李學洙西隅人丙辰恩貢　李期敏西隅人丙辰貢

余槐後田人戊午貢有傳　姚大霦後田人庚申貢壽昌訓導

周之冕後田人辛酉貢有傳　吳得訓竹口人辛酉拔貢候選直隸州州判

吳之煥廊下人壬戌府學貢　　吳　霦下管人甲子貢

余　浤後田人丙寅貢有傳　　季鍾雋西隅人戊辰貢官寧海訓導有傳

周宗濂埜宅人庚午恩貢　　周德堃周墩人

吳　沈下管人壬申恩貢　　吳又朓杭橋人壬申貢授會稽訓導不仕

姚繼亮後田人甲戌貢　　葉永昂賢良人丙子貢

吳世名上管人戊寅貢　　姚　梁後田人己卯優貢乙酉順天經魁己丑進士歷官內閣中書禮部主事刑部員外廣西陝西主考山東學政饒州知府川東兵備道江西廣西按察司左遷河間府知府

姚居厚上倉人庚辰貢有傳

吳三錫上管人壬午恩貢　　吳夢麟後田人壬午貢

姚必彪　後田人甲申貢

姚宋　乙酉拔貢覺羅宗學教習泰順教諭

余漳　後田人丙戌貢考授訓導

余鎔　後田人戊子貢

姚垂敏　上倉人庚寅貢

吳爕　下管人壬辰恩貢

季天魁　西隅人壬辰貢

吳元棟　後田人甲午貢

葉英　後田人丙申貢

姚濬　後田人丁酉拔貢四庫館議敘分發江西候補布政司理問建昌撫州吉安通判

楊樹朝　竹口人戊戌貢

余應耀　後田人庚子恩貢

吳于漣　西隅人庚子貢

姚黃　後田人壬寅貢

田聯潤　竹口人壬寅恩貢

周宗滋　埜宅人甲辰貢

季　蒼西隅人丙午恩貢　　吳炳學杭橋人丙午貢

王紹曾後田人戊申貢　　姚漢楫後田人己酉拔貢

吳象豐上曾人庚戌恩貢　　范連相後田人庚戌貢

姚　燕後田人壬子貢　　葉向榮桃坑人甲寅貢

嘉慶年

吳公選水門人元年丙辰恩貢道光五年奉部選授分水訓導

姚　琴後田人丙辰貢　　吳國華底墅人戊午恩貢

周翰才上庄人戊午貢　　吳先經上曾人庚申貢

余　塏後田人壬戌貢道光十一年奉部選會稽訓導

陳紹虞蔡川人甲子貢　周　原東隅人丙寅貢

范連盛大岩人戊辰貢　田聯治竹口人庚午恩貢

陳啟治蔡川人　姚滄枬後田人庚午恩貢

范邦槐大岩人庚午貢　余　鈞後田人庚午郡貢

楊思震八都人壬申貢　姚潤梧後田人癸酉拔貢

吳登瀛西隅人甲戌貢　吳一桂西隅人丙子貢

周大成後田人戊寅貢　柳光原高崇坑人庚辰恩貢

季應坊黃壇人庚辰貢

道光年

劉一魁 合湖人壬午恩貢

葉之茂 東隅人壬午貢

余銑 后田人甲申恩貢候選州判

季 [illegible]西隅人[illegible]甲申貢

姚鈞培 原名樹培東隅人乙酉拔貢湖南候補直隸州州判歷署桂陽武岡州州同澧州州判長沙湘潭瀏陽各縣縣丞會同縣知縣借補茶陵州州判調補靖州直隸州州判甲午科湖南鄉試調充簾官有傳

田嘉脩 竹口人丙戌貢有傳

周公佑 上淤人戊子貢

季應塏 黃壇人庚寅貢

張承青 五都人壬辰貢

田嘉績 竹口人甲午貢

葉郁文 後田人丙申恩貢

沈瀋 下沈人丙申貢

田謙 竹口人丁酉拔貢有傳

吳　叙上管人戊戌貢

吳大新后田人庚子貢

周維烈后田人壬寅貢候選訓導

葉　梁二都人甲辰恩貢

姚樹檀東隅人甲辰貢

周維謨后田人丙午恩貢

季　垣西隅人丙午貢

姚律成后田人戊申貢選用訓導

田慶餘竹口人己酉拔貢考充鑲黄旗官學漢教習期滿分發湖南候補知縣保加同知銜署石門縣事丁卯科湖南鄉試調充簾官有傳

陳　南大濟人庚戌恩貢

吳　澐大濟人庚戌貢有傳

咸豐年

陳宗敬二都人壬子恩貢

季　銘黄壇人壬子貢

田　和竹口人甲寅恩貢　季占雲西隅人甲寅貢有傳

葉榮莢西隅人丙辰恩貢　吳敦恒黃皮人丙辰貢

姚際唐后田人戊午貢　陳　洪竹口人補戊午貢

吳　江大濟人庚申恩貢有傳　吳　淵西隅人庚申貢

季之良黃壇人辛酉拔貢

同治年

吳羡金西隅人壬戌恩貢　季逢煦西隅人壬戌貢

練儆先后田人甲子貢　吳飛熊二都人丙寅恩貢

吳　葵舉溪人丙寅貢　葉　珣二都人戊辰貢

吳其梅 大濟人庚午貢

周以騏 上庄人壬申恩貢

許作舟 竹口人壬申貢

吳炳文 東隅人癸酉科拔貢候選教諭

吳紹傳 隆宫人甲戌貢

光緒年

葉上蓮 二都人丙子恩貢

季占衢 西隅人丙子貢

## 保舉議叙附

國朝

姚　鐸后田人廩貢生瑞安縣教諭隨征閩臺以軍功擢升江西瑞金縣知縣

季　炳黄壇人廩貢生考取國子監肄業期滿選授西安訓導

姚　鑾東隅人增生道光九年巡撫劉以尚義輸捐題請議叙州判職銜

姚　冠東隅人附貢生同治五年浙省肅清案內保舉以訓導選用

吳文淵大濟人附貢生同治五年浙省肅清案內保舉以訓導選用同治七年處郡文廟捐輸知府清安贈以崇文急公匾額

張慶堂東隅人監生同治五年浙省肅清案內保舉以從九選用

余茂椿大濟人例貢生同治五年浙省肅清案內保舉以從九選用

吳家祥后田人同治五年浙省肅清案內保舉以從九選用

姚逢槐后田人同治五年浙省肅清案內保舉以從九選用

姚逢昌后田人廩貢生試用訓導歷署仙居長興訓導同治五年浙省肅清案內保舉得缺後以應升之缺升用同治七年山岱齋匪案內保加五品銜

姚文塏東隅人增貢生試用訓導署分水訓導同治七年山岱齋匪案內保加布理問銜

季之香東隅人監生同治七年山岱齋匪案內保舉布理問銜

援例

援例一途其原蓋出于漢如崔烈者無論已若張釋之黃霸其始納粟助邊其後治績昭著爲漢名卿安得以貲進而少之

明

吳叔定 西隅人候選主簿

吳　㬎 上管人修武縣縣丞

吳舟和 江南鎮江衛知事

吳廷拱 上管人安徽池州府知事

吳文潤 底墅人福州鎮東衛經歷

姚啟善 后田人湖南甯鄉縣主簿

吳思謨 上管人江西吉安縣典史

葉　忠 江西東鄉縣縣丞

吳思謙上管人江南鎮江府照磨　姚大齡后田人江南靖江縣縣丞

吳起英下管人瞿塘衛參軍　吳登名西隅人昕朋府經歷

倪養謙洋良人四川成都府護軍經歷　楊應元八都人縣丞銜

吳起鳳下管人廣東肇慶府照磨　姚守善上倉人經歷銜

姚國瑚上倉人鎮江衛經歷　葉常秀水門人照磨銜

葉自舉后田人陝西同官縣典史　周良銘西隅人候選典史

周郁周墩人徐州衛經歷　吳衍慶上管人湖廣光化縣典史

周郭周墩人陝西行都司經歷　葉春茂后田人大理衛經歷

葉春光后田人湖南湘陰縣縣丞　葉春羨后田人由吏目陞山西太原衛經歷

葉春葵後田人普安衛經歷　葉應瑤西隅人河南唐府經歷

吳鳴鉅下管人廣東從化縣巡檢　吳宏江西隅人溫州府倉大使

姚一麟上倉人經歷銜　吳泰階西隅人陝甘潼關經歷

姚家棟后田人廣東南雄府保昌縣丞　吳得壽西隅人廩貢生由主簿陞樂清教諭

吳仲春底墅人福建歸化縣巡檢　吳　怡西隅人安徽無為州吏目捐陞州同

吳叔原西隅人江南山陽縣主簿　吳　儒下管人鴻臚寺序班有傳

吳　穆西隅人候補按察司經歷　葉芳嘉長蘆鹽運司經歷

葉　銘后田人雲南都司正斷事　吳　俸下管人廣東瓊州府通判有傳

吳承教上管人廣東按察司經歷　吳　伸下管人陝西苑馬寺開城監正

葉自立后田人直隸天津右衛經歷　葉養洪西隅人福建將樂縣主簿

吳承亮上倉人江南太倉州吏目　吳言儒西隅人壽州衛經歷

周　徹周墩人大甯都司經歷　吳　絢杭橋人鴻臚寺序班

吳南明下管人黃岡縣縣丞有傳　吳鳳起西隅人福建順昌縣縣丞

葉春盛后田人四川蓬州吏目　葉春舒后田人山西懷仁縣典史

吳邦度　練　閑

吳　堂　周德澤西隅人

姚　佩　葉世傳

姚守謙　姚啟謨上倉人

葉廷蘉　李時林

張孔正　吳思讓

葉初華　吳澳

吳思訓　葉春奇

葉成章后田人　吳登朝

葉長芳水門人　葉自章后田人

陳拱賜東隅人　吳逢熙杭橋人

趙應宣西隅人　吳登嘉西隅人

周時惠周墩人　吳承明西隅人

姚運泰后田人　周言揚西隅人

吳邦允杭橋人　吳道嵩后街人

葉常脩水門人　鮑顯奇上濟人

吳晉侯下管人　吳榮先下管人

周調鼎　劉大用周墩人

周攀龍后田人　以上三十七名舊志列援例職銜未詳姑闕之

國朝

吳懋莊上管人山東海豐縣典史　季煒西隅人南甯府照磨有傳

吳銓臣州同銜　姚軾后田人州同銜

姚　轍後田人州同銜　何金冑張地人縣丞銜

吳恩源陳村人州同銜　吳澄源陳村人州同銜

吳名英下管人縣丞銜　吳煥祖黃坑人縣丞銜

周廷顯仙庄人縣丞銜　姚汝霖后田人縣丞銜

姚廷芬后田人縣丞銜　姚崇恩后田人授甘肅河州州判

姚承恩后田人州同銜加二級　吳上桂底墅人

姚玉珣上倉人　陳孝先上倉人

潘世珍　吳顯爵后田人

季學冑西隅人　葉國鎮後田人

姚又虞上倉人　許景源北門人

周宗紳埜宅人　吳啟燦江根人

周承烈上倉人　葉祖蔭後田人

沈　起上沈人　吳起元後田人

吳一椿底墅人　趙文泮以上十七名照舊志列職未詳

姚　蕃后田人廩貢生授仁和訓導　姚　醰東隅人湖南郴州文明司巡檢

季逢泰黃壇人按照磨銜　吳傳心后田人分發福建縣丞

丁汝良中村人縣丞銜　吳際雍荷地人州同銜

季　斌桃坑人縣丞銜　姚逢治后田人翰林院孔目銜

吳步熙蒲潭人州同銜　余茂淋大濟人翰林院孔目銜

姚逢寅后田人中書科中書銜　姚逢清后田人監例選用縣丞

周鴻逵東隅人按照磨銜　姚文坊東隅人分發福建從九品

## 貢監

### 明

吳克義西隅人　周奎西隅人

葉秀後田人　周堂

吳叔京西隅人　吳承宣西隅人

吳應求下管人　吳逢點杭橋人

吳　化下管人　葉三陽

吳　晚杭橋人　葉自嘉後田人

姚夢熊后田人　吳晉明下管人

葉自超后田人　吳之麟下管人

葉斐然東隅人　周京典周墩人

姚振先東隅人　吳榮烈底墅人

吳文泮底墅人　以上俱例貢照舊志列入

國朝

姚必勝後田人附貢　王朝燦根竹山人例貢

季熯黃壇人附貢
姚洙后田人附貢
姚脩東隅人例貢
季應坡東隅人附貢
吳若儼附監
吳敔附監
季錞聲西隅人附監
吳新銓竹口人附監
吳臻竹口人附監

季燻黃壇人附貢
姚涵后田人例貢
張秀挺東隅人廪貢
葉時郎附監
季鍾聲西隅人附監
吳松年下管人附監
何玉瑞張地人附監
吳繼昌西隅人附監
吳德唐下管人附監

楊　鰲附監　　吳安衆上管人附監

陳廷獻黃泥湯人附監　　何金鑾張地人附監

周桂攀山頭礱人例貢知府瑞贈以義同輸粟額知縣呂懋榮贈以積厚流光額

季　鑑黃壇人例貢知縣鄧達贈以望重儒林呂懋榮贈以功成利濟匾額

吳　森山頭礱人例貢知府瑞贈以義同輸粟知縣蔡烜贈以忠厚傳家匾額

吳文斌大濟人例貢知府瑞贈以義同輸粟匾額

丁思濂中村人增貢　　周之溫山頭礱人例貢

周之冕仙庄人附貢　　周　渭仙庄人附貢

吳成己后田人附貢　　葉鳳梧齋郎人附貢

吳肇珍荷地人例貢　范大成新窰人例貢

季　章黃壇人附貢　劉肇周黃塢人附貢

吳　祱大濟人例貢　吳際淋荷地人附監

姚逢友后田人附貢　范大章新窰人例貢

周泮金上庄人廪貢　葉見龍齋郎人例貢

武職

聽鼓鼙而思將帥之臣歌大風而懷猛士之守豈不以赳赳武夫爲有國干城之寄哉人生世上既不能遊心藝苑亦當奮志疆場如能榮親蔭後卽謂之無負此生也可

元

葉國英北門人義兵萬戶有傳　姚桂處州管守禦萬戶

葉德善北門人處州禦禦千戶　姚坤平陽禦中所千戶

葉德新義兵萬戶　姚彥安義兵千戶有傳

姚垠陽和衛副千戶　吳求上管人本府本衛鎮撫

吳繼延西隅人指揮

明

楊呂竹口人撫按千總　周仲章蓬塘人處州千總

吳公轍上管人處州衛指揮　吳之琮上管人建甯守備未任卒

國朝

吳陳仁陳村人延平副將有傳　吳握瑜陳村人汀州守備有傳

吳詔功義兵殉難有傳　葉伏祖北門人衢州都司

吳壽男上管人義兵守備隨勦耿逆陣亡䘏贈武德將軍有傳

吳新明後田人義兵附貢守常山　吳肅常陳村人處鎮標下外委駐本縣

吳文鑑西隅人義兵千戶陣亡　李　茂處協標下千總駐防本縣

吳爾賓忝將鎮守陝西陽平關　吳三梘西隅人常山遊擊

吳千尋西隅人劄付同知　王殿桂竹口人興化守備

王奇郎上源人汀州守備　季國齊黃壇人浦城千總

吳嬰提上管人由蔭襲世職署貴州衛千總補溫州衛千總

吳　芬上管人己卯舉人任嚴州協把總拔金華協千總

吳廷標西隅人襲恩騎尉世職補授嚴州協千總隨勦粵匪陣亡有傳

姚時澍后田人都司銜　吳登塋黃坑人守備銜

吳賁恩蒲潭人衛千總銜　吳際唐荷地人千總銜

李步鰲五都人前署本汛外委　姚時繹后田人都司銜

吳德恩蒲潭人衛千總銜

吳希敏城西人拔補把總

姚時戒后田人都司銜

封贈

宋

吳崇熙以子穀贈大理寺評事

吳　殼以子桓贈丞事郎

吳彥持以子孝友贈丞事郎

吳　嶷以子兢贈左朝議大夫

吳世雄以子淇贈廸功郎

吳　詢以子巳之贈承事郎

吳彥常以子季賢贈成忠郎

吳　臣以子平贈文林郎

明

姚　浤以子琪封文林郎衛輝府通判

周大澄以子鎮封河南布政司經歷

吳　衍以子在贈承務郎江西豐城縣巡檢

吳　在以子紀贈文林郎江西瑞金縣知縣

夏　遠以子戀封南京留守司經歷

吳志伊以子衍可贈脩職郎建陽縣教諭

葉　珠以子自立贈徵仕郎直隸天津右衛經歷

吳蔡堯以子希黙贈文林郎廣東惠來縣知縣

國朝

姚　軾以曾孫梁貤贈通議大夫江西按察使司按察使

姚大霦以孫梁贈通議大夫江西按察使司按察使

姚必時以子梁贈通議大夫江西按察使司按察使

季上機以子炳贈脩職佐郎西安縣訓導

吳文衆以孫芬貤贈武信騎尉金華協千總

吳匡世以子芬贈武信騎尉金華協千總

姚又輝以孫鈞培貤贈徵仕郎湖南靖州直隸州州判

姚　駒以子鈞培贈徵仕郎湖南靖州直隸州州判

姚遠聲以孫時澍貤封明威將軍都司銜

姚甫昌以子時澍封明威將軍都司銜

姚律成以子蕃贈脩職佐郎仁和縣訓導

蔭襲

宋

吳世美以父昇授相仕郎

吳孝立以父翊蔭歷官海鹽縣事

吳彥舉以舅季承授盧城尉

吳　蒙以外祖奉奏補將仕郎

明

姚　桂襲父彥安蔭授千戶

葉員貞襲父得新蔭授萬戶

國朝

吳顯宗以父詔功殉難蔭衛千總

吳嬰提以兄壽男殉難蔭衛千總

吳鳴豫以祖詔功蔭授千總

吳何廩以祖壽男襲恩騎尉

吳豐榮以祖詔功蔭授千總

吳履祥以祖壽男襲恩騎尉

吳廷標以祖壽男襲恩騎尉

耆介

鄉飲之禮自古有之卽淛中諸郡邑亦多舉行慶雖僻處山陬代不乏人官斯土者旣以禮敎爲懸自當備列以風世舊志年久散失無從徵信今就其有可考者核而載之俾爲善者知自勵云

國朝

康熙年

吳汝康西隅人知縣給以言正行方額　吳溫玉上管人知縣給以一鄉善士匾額

吳榮好二都人　吳榮本三堆人

吳榮德漈下人　吳成亮車根人

葉應亮染庶坑人　吳世有車根人

周永春池湖人　葉日龍賢良人

葉日明賢良人　吳一椿底墅人

吳自選底墅人　吳元吉底墅人介賓

葉春標東隅人　吳元奎底墅人

葉喬秀東隅人　吳世哲后田人介賓有傳

蔡文華竹口人刲股療親壽登九旬康熙間知縣薛脅目以積德流光旌其門有傳見孝友

王繼酒竹口人　王繼沂竹口人

吳元徵竹口人　田文孟竹口人介賓

雍正年

葉伯楠賢良人　葉華吉賢良人

葉一舉賢良人　周來鳳後田人

周良翰後田人介賓　周有倘後田人

乾隆年

吳維翰城內人　吳王眷上管人介賓碩德望重

吳上位底墅人監賓　吳金發杭橋人

吳象九 上晉人德著鄉鄰　吳王柱 上晉人

季學康 西隅人介賓有傳　吳廷舉 西隅人

周大陵 埜宅人　練國紀 楊橋人

練國化 楊橋人　姚　詢 東隅人忠厚傳家

季上璧 黃潭人介賓慷慨好施樂善不倦歲饑首倡捐賑鄉里德之

吳象豫 上晉人薰錦耆英五代同堂知縣以齒德兼優表之

吳居洲 下晉人醇厚足式　吳星海 黃皮人

葉世堯 賢良人持身謹厚　吳肅容 陳村人端凝持己

姚伯耀 五滎下人樂善好義　范義嵩 大岩人德懋鄉鄰目見五世

季天倫西隅人　　吳運六底墅人忠厚傳家

黃高胄荷地人謹慎可嘉　　胡嘉熊左溪人

楊承誥八都人　　楊奕光八都人品行端方

葉　鈍北門人　　葉　儼北門人見孝友

吳　海上管人　　吳　顯上管人

吳佛匡上管人　　葉　輔北門人

葉九成北門人介賓　　吳道成上管人

葉　珠北門人　　吳守逵上管人

胡懷鵬左溪人　　葉　倘北門人

吳邦慶高任人　葉永豹北門人
張世韓二都黄沙人　吳自廳高任人
張維康二都黄沙人　胡文秀左溪人
葉尙海北門人　練明嘉楊橋人
葉尙時北門人　胡自品左溪人
練繼恩楊橋人　葉永化北門人
練繼倖楊橋人　練繼佐楊橋人
沈思任上沈人　吳承玘二都人
吳榮義底墅人　吳文海底墅人

吳文溢底墅人　吳文渙底墅人

劉增憐岩坑人　姚文宇後田人介賓

吳抱礽大濟人介賓　吳珏運下管人

劉士棠蛤湖人　吳亮弟潦下人

吳自賢底墅人介賓　姚元舉後田人

吳廷殷下管人介賓　吳自鼎底墅人

姚新伯後田人　練明鐘楊橋人

葉　琨洋艮人例貢　吳　巖上管人碩德耆英

葉佛俊洋艮人捐授縣丞　葉崇安洋艮人州同

葉邦達東隅人望重鄉評　葉宗元賢良人

吳南伯上管人　姚文經東隅人言寔行樸

葉光厚賢良人　吳光暉黃壇人誠寔率真

姚純熙東隅人性端行樸　吳懷煥城內人知縣譚以一鄉稱善表之

姚廷恩花門人誠實無偽　吳其玉黃皮人介賓

楊何獻八都人介賓樂善好施惠周桑梓知縣鄧觀以惟善是寶獎之

吳玉鏡五都人碩德耆英　邵文元品行端方知縣譚以望重鄉評嘉之

吳繼賢竹口人淳直溫厚　蔡朝璠朱塢人淳謹堪式

吳先權上管人介賓一鄉矜式　吳先甲上管人孝行克端

吳可球 後碓人一鄉善士　李遇樑 姚村人知縣以望重鄉評表之

楊思程 八都人溫厚和平　余天寶 東隅人天性率真

楊思伊 八都人忠厚正直　蔡朝柱 白渡闕人介賓品行端方

林世侯 竹口人　蔡見龍 朱塢人

許　豪 竹口人知府劉額以古道克敦　蔡伸龍 朱塢人誠寔渾厚

何楊奶 張地人　許汝明 竹口人樂善不倦

練學廷 後田人介賓品行端方　葉旭祥 上淤人洛社耆英

胡芝郁 竹平人　葉廷輝 五都人

張明頤 黃沙人德壽齊輝　何國光 張地人謹厚堪稱

張恪忠 二都人介賓品行端方
周廷卲 城內人閭閭矜式
葉里榮 岩下人德壽並隆
葉廷彦 五都人
吳廷清 蔣坑人渾厚和平
吳念祖 上管人守正敦倫年高德卲
吳清佐 上管人言謹行篤
范邦仰 大岩人德孝兼隆
吳繼孔 竹口人
吳天忠 上管人和睦鄉隣
吳理治 上管人品行端方
甘永慶 半路村人善良堪嘉
吳權英 底墅人溫厚和平
張明裕 黄沙人古道照人
吳運鯉 底墅人士林矜式
周玉山 上庄人耆德可矜
何遠珍 張地人謹厚自愛
許汝拔 竹口人謹厚和平

吳義枚荷地人　吳崑山西隅人知縣李給以齒德偕尊扁額

季法商西隅人　葉增芳臺湖人介賓

胡道孟左溪人知縣給以賓筵雅望額沈孟棟深烏人知縣樂部給予可以徵仁額

范連通大岩人知縣給以齒列虞庠額葉其蓁上淤人知縣給以名重鄉里額

范邦卿大岩人知縣給以質直可風額張式勝黃沙人目見五代

蔡朝梧下塢人　何金穀張地人

蔡朝松下塢人　吳長遠山后坑人知縣給以誠實可風額

田𣞤竹口人　許廷星山溪人

胡運瑲竹坪人知縣給以望重賓筵額吳日辛西川人

吳光輝二都人知縣給以忠厚可風額葉光元洋艮人

吳望烈下管人　何國馨

吳　祥黃坑人　胡　珍呂源湖人

胡道容左溪人知縣給以碩德耆英額葉一尢五都人知縣給以誠實可風額

姚樹德東隅人監生詳舉介賓四代同堂知縣楊炳奎贈以齒德兼隆額

葉作榆二都人知縣給以誠實可風額吳坤平下管人知縣給以品行端方額

練祖鶴二都人知縣給以德隆鄉舉額陳守楨二都人知縣給以齒德兼優額

姚純熈東隅人性仁厚精醫理四代同堂知縣楊炳奎贈以鄉國長春額

吳增遇底墅人知縣給以九齡衍慶額楊樹滋八都人性樂善四代同堂壽踰八旬

吳望勲下管人知縣給以德隆鄉舉額　吳東蒸后田人介賓知縣給以品行端方額

吳安泰陳村人　田嘉賓竹口人介賓知縣給以德重介賓額

季　溫下濟人知縣給以醕謹可風額　姚又哲東隅人知縣給以持躬謹恪額

吳耀朝黃皮人　吳德修上都人知縣湯給以質直可風匾額

葉羡發七都人知縣給以齒德兼隆額　周長高知縣給以品行端方額

范星章二都介賓知縣額以品學兼優　周錦城城內人知縣給以純謹可風額

姚廷英后田人介賓　季　庭黃壇人知縣何贈以老成持重匾額

季一清隆宮人知縣給以老成持重額　柳子羽林後人

何羡鈞張地介賓知縣額以品端德邵　周承茂林後人知縣給以令德壽豈額

周桂香十都人介賓　范維裕南洋人

李光林五都人　李　律黃壇人儒學姚給以望重耆英匾額

楊履王六都人　王　煥東都人

李家塤高山人　吳　儻西隅人知縣萬給以望重鄉評匾額

李家篪高山人　李顯宗三都人知縣呂給以忠厚傳家匾額

吳日梁蛤湖人　何　樟中村人知縣給以質直可風額

李　錦黃壇人知縣李給以齒德兼優匾額子廩生之劍亦有聲庠序

吳學歡官塘人　吳嘉儒上都人知縣劉給以碩德耆英匾額

吳景選后田人　吳紹潘隆宮人

吳邦濟西隅人知縣蔡額以品重圭璋　胡從善呂源人

姚一潤三都人知縣給以品重圭璋額　周邦光后田人四代同堂

陳宗瀚竹口人知縣給以言坊行表額　黃永芳后田人知縣給以康虔受祉額

范尚珠八都人知縣給以榮增閭閻額　葉維秬洋頁人知縣陳給以養重虞庠匾額

吳景星七都人知縣林額以以介眉壽　吳恒新九都人

許德霑竹口人　吳樑竹口人知縣陳給以賓筵雅望匾額

吳繼全三都人知縣給以德隆望重額　吳應檀西隅人知縣給以盛世耆英匾額

范耀文二都人介賓　詹學蛟西隅人知縣葉給以德重賓筵匾額

姚之顯東隅人知縣給以術紹軒岐額　吳階西隅人知縣鳳給以輿頌裕後匾額

沈之澧深鳥人知縣給以齒德兼隆額　蔡朝柱柏渡門人由監生舉報介賓

季應埃黃壇人知縣給以品端望重額　周日壽上庄人知縣周贈以引年受祉扁額

吴先登荷地人介賓　吴　鯤城內人

季作豪七都人知縣給以名重德誼額　吴　潤七都人介賓知縣葉額以德重介儐

何其鈺張地人　季茂清白沙人

姚伯炳三都人知縣贈以耆齡碩德額　周日京上庄人知縣李贈以醕厚可風扁額

沈一成九都人　姚士彦三都人介賓教諭額以形端表正

胡義選嶺頭人知縣給以望重賔筵額　吴　檀東隅人

吴起飛山溪人知縣給以柔嘉維則額　吴耀增后田人知縣給以盛世耆德額

季占彬西隅人　劉朝達鉛湖人

老人附

吳邦勳字林孫有傳　眞偉鑑西隅人

吳有良包果人　姚新國后田人

沈尚維九漈人　沈鳴浩九漈人

沈鳴晃九漈人　沈旺生知縣樂韶給以耆德延年匾額

楊永枝上管人　朱林榮嶺根人

劉耀祖齋郎人知縣給以性樸行端額　葉維開齋郎人

葉允邦齋郎人　葉宗孫齋郎人

周長輝庫坑人　周奕銓黄土洋人

周永盛黄土洋人　吴孔亮黄水人

劉　植合湖人　劉以寳合湖人

吴姫強楓樹坪人　葉芳彭栗洋人

吴慶東三堆人　吴遠華三堆人

吴積粱三堆人　周元斗久住洋人

吴金旋竹口人　吴需官八都人

吴日章西川人　吴魏蔭上管人

瞿智禮北坑人　葉春芝齋郎人知縣彭贈以積厚流光匾額

吳先高后田人監生壽八十忠厚和平　李兆根上坑人壽八十三

李兆發后樓人壽八十有二　李炳連后樓人監生

吳　椿西隅人邑庠生壽八十一　蔡　郊朱塢人從九品

周德利姚村人知縣林額以必有餘慶　蔡　祁朱塢人監生

周齊達上庄人壽七十六　沈樑榮葛田人監生壽八十二處世謙恭

沈渭濂葛田人監生壽八十正直端方　吳克光上管人

吳宜用上管人　吳應洪魚川人

周桂堂仙庄人庠生壽八十知府瑞贈以義同輸粟額

劉世明上管人　吳應敏魚川人

吳增棟包果人　吳增榮包果人
吳瑞珍洋頭人　吳佐進洋頭人
林成榮兆川人　曹德成壇衕人
吳富艮安溪人　周發滿七都人
陳德恩三都人　吳明亮二都人
吳夏涵二都人　陶發職三都人
陶必幼埠頭人　吳奇欽朱坳人壽八十歲
陶必光三都人　潘益高林后人壽八十一歲
吳以旗荷地人　吳以文荷地人

蔡克標下塢人壽七十八五代同堂　李兆顯上坑人壽九十五子開旺亦躋遐齡

范潤榮南洋人壽八十五歲　吳世亮高住人知縣蔡炬贈以望重一鄉額

黃任德荷地人壽八十九歲　張明亨四際頭人

黃家昌荷地人壽九十七終　張永信四際頭人

范邦清際面人　蘇宏蛟朱嶺坑人

劉開來東洋人　蘇宏龍朱嶺坑人

劉天遇馬家地人壽八十五　楊啟兆朱嶺坑人

吳元圭荷地人　甘惟蔭牛路村人

練時莒黃壇人　練時藕黃壇人

黃得雲黃壇人壽八十九　黃裕高黃壇人

練時盈黃壇人　練學壽二都人壽八十四

練時彥二都人　葉發生桃坑人

葉正時桃坑人　張開泉黃沙人

范煥章大岩人　項華大高漈人壽八十一

葉榮豐岩下人　蔡　貝中漈人監生堅剛正直

柳遠鵬林后人　吳夏全西川人壽八十歲

吳德餘新村人壽登耄耋月覲元會　吳學庸官塘人

劉世斌巖坑人壽七十七　劉正功巖坑人壽七十三

楊安陵槎溪人　劉正聰岩坑人

劉正塏岩坑人

補遺耆介

葉邦香周墩人　周維賓周墩人

劉光植蛤湖人知縣樂給以品行超羣額黄給以老能好善額

# 慶元縣志卷之十

知慶元縣事林步瀛史恩緯重修



## 人物志上

理學　忠節　名卿　清正　文學
仕績　孝友　篤行　尚義　善良
隱逸　僑寓　方技

名賢一鄉之典型四國之聞望係焉其間宏材碩彥經緯天地彪炳史冊者實爲氣運所關下此而一行之善一節之奇山僻中亦自有人雖功業未著於旂常芳聲早傳於閭里事有足法名宜紀載覽者幸勿

謂古今人竟殊不相及也志人物

理學

按宋史創道學傳前此未有也邑中宗洙泗紹洛閩者得二人特先表之欲其别於各傳云爾

宋

吳庸少穎慧博涉經史常鄙章句學以道統爲任登熙寧丙辰進士賜名伯舉初任江州右司理累遷中書舍人知制誥龍圖閣侍制學士贈少師著作甚富有明性集發微正論爲士林宗鏡

王應麟字伯厚爻擕嘉定癸未進士嶶州知府弟應鳳中宏詞科以兄爲師有經濟才公秉性剛正有古大臣風登嘉定戊辰進士開慶間充讀卷官至第七卷頓首曰是卷古誼若龜鑑忠肝如鐵石臣敢以得人賀遂擢第一乃文天祥也尋轉給事中忤旨遂挂冠歸設帳講學執經雲集著玉海集四書論語攷異困學紀聞小學紺珠深寧集王尙書遺稿及三字經地理考等書行世後學得其指歸祀鄉賢

忠節

精忠亮節世難多見茲無論在朝在野苟其佐治扶危英靈不朽百代瞻仰者悉爲傳之俾頑廉懦立有所興起焉

## 宋

吳競字寅仲弱冠登政和壬辰進士宰會昌建炎丁未潰兵楊勍自浙東入境殺二尉民遭殺掠官兵莫制競挺身直抵賊營諭以忠義賊以刃挾之競厲聲曰吾頸可斷吾身不屈賊感悟卽以所掠子女遺競給還民間隨聽招撫宣諭使劉大中奏競忠勇擢處州

府判民感其德祀鄉賢

吳樞字時發幼頴奇無嬰兒態長登政和壬辰進士亮直忠勇以節概自許靖康初募有能使金者樞毅然請往至金惟長揖不拜正色厲辭金人燒鼎欲烹之樞愈不屈金人壯之遣還適巨寇葉儂作亂樞往招撫儂聞樞名解甲納降至今頌不替祀鄉賢裔孫榮宗奉祀

元

葉國英至正間爲義兵萬戶與子德善相繼克復温州收青田山寇夏清四以功授處州千戶

姚彥安元末爲義兵千戶處州守鎮賀元師占據城池彥安領鄉兵同大兵攻破之陞處州守禦萬戶洪武元年起集山寨頭目授平陽左衛副千戶五年從征没于陣蔭其子桂授千戶

明

吳南明字君治崇正間任湖廣黃州丞時流賊數十萬所過郡縣缺令人勸之去明曰吾職雖卑忠義則一遂率兵民固守月餘粮盡城陷被執不屈賊怒割其鼻并兩耳愈不屈截其左手血悶死地賊退半日復

避歸家二十年卒祀忠義祠孫國銑奉祀

國朝

吳陳仁康熙十四年耿逆兵陷城倡起義兵力圖恢復後以復城功授福建延平副將

吳握瑜卽吳陳仁之弟康熙十四年耿逆兵陷城仁從瑜計倡起義兵力謀恢復後以復城功授福建汀州守備

吳壽男上管人康熙十四年耿逆背叛兵陷城從吳陳仁起義兵蒙 和碩康親王劄給守備隨剿左路追

逆至龍泉嶺後村陣亡事

聞卹贈武德將軍廕甥嬰掟補授溫州衛千總乾隆六十年孫吳何廩承襲嘉慶八年嗣孫生員吳履祥奉

詔兼襲世職二十五年祥子廷標接襲授嚴州協千總

吳詔功康熙十四年耿逆作亂兵陷慶元從吳陳仁起義兵殉難死後優恤其家蔭子顯宗授千總乾隆六十年孫鳴豫奉

詔蔭襲後裔孫豐榮接襲

吳廷標由蔭襲世職補嚴州協千總於同治間率子自

卹隨征粵匪陣亡四年八月二十五日由採訪忠義總局歸第六次彙奏請卹九月二十九日奉
旨交部照例分别旌卹欽此十二月二十二日奉部咨遵照例案分别建坊題名入祠致祭等因六年四月廿六日知縣呂懋榮奉文設牌位於忠義祠如期致祭

許得源竹口人性情果敢見義必爲事親尤以孝聞咸豐八年粵匪犯境鼓勇先驅殺賊被害待旌

名卿

名者實之賓卿而曰名其發越有盛焉者矣後之留心致澤考尚其行義達道毋讓美乎前賢焉可

宋

陳嘉猷字獻可生三日即能言家缺炊猷指叔處假之父以告叔叔以爲誑往視果語叔曰叔假我米異日以倖倍償衆大奇之爲兒戲時置櫈几上坐之見叔至跳而下叔曰三跳跳落地猷應聲曰一飛飛上天

其穎悟多類是數歲日誦千言登紹興神童科累官至禮部尙書公忠耿介有經濟大畧朝紳重之裔孫必勤奉祀

胡紘少警悟篤學家貧無置書錢有販者求售讀徧還之卽不忘由教官科宰邑有聲擢監察御史累遷至吏部侍郎出爲廣東經畧使所至有能聲

吳淇嘉定甲戌進士累官戶部侍郎時相欲以淇兼監察御史淇謂臺諫出宰相薦非盛朝事卽謁告出知南劒州

明

吳琑端直果毅器度閎達擢山東監察御史厲清操肅風紀聲著臺端

國朝

姚梁字佃芝後田人少聰穎過目成誦未弱冠卽遊庠由巳卯優貢中順天乙酉經魁登巳丑進士擢內閣中書禮部主事刑部員外郎廣西陜西二王考山東學政饒州知府川東兵備道江西廣西按察司河間府知府清廉耿介毫不苟取任饒州時民立生祠祀之所至俱有政績子崇恩後仕甘肅縣丞

清正

人性皆同而沉潛高明尚待於克治之不濁擢之益堅者世有幾人哉明乎分定之説而後士之不染一塵不參一見者乃得而區别焉噫亦難矣

吳昇熙寧癸丑進士教授夾州學士翁彥深知其名謂之曰以先生學問操行今稱上流縱不大用宜居太學之選以範多士奚爲遠處湘湖哉昇笑曰吾道其事干求耶他日出一書示彥深曰吾欲以此書干丞

相范公也深怪其前後語不相符及私啟其書則以大義責范公不能用正才以興起太平徒取法度紛更之語其清操如此

吳懿德字夏卿嘉泰二年進士英州教授知玉山縣改知新會縣時邑民狃於訟瀕海多盜縣不能制懿德至實心撫字民感盜靖邑例新令至有給由錢受訴諜者有醋息錢一切罷去仕族之流寓與惸獨顛連者春貸以錢粟夏多瘴癘和藥以施之廉介有聲進廣州通判未任而卒卒前二日書於册曰平生薄宦

身受凍餓一念不欺一介不取嘗祀晉刺史吳隱之於縣東邑人以其廉介無媿遂合享焉詳見新會縣志

明

吳仲信幼穎異淹貫經史永樂辛卯科鄉薦授泉州府判治聲大著及歸行李蕭然有鬱林載石之風

吳杰少勵清操亮直有風由歲薦授刑部主事以年老告休居鄉端厚著望後學宗之

吳灝字源潔簡重雅博宏治乙卯領北京鄉薦授常德節推通判吉安府咸有治績少在諸生中遇遷學出

廪助之時有鄉人齎金輸税過詠歸橋遺金於水其人欲赴河死渾力阻之攜之同歸揭債以贈失金者得不死論者謂其令人古心嘗有心病形甚癯忽途遇一叟授以二丸旋失所在始知爲神渾服之愈仕常德時同中貴監造藩王府餘金千數欲共隱渾不從隨白於部其清介如此

吳倖字介卿性厚行端好讀書有大畧陞廣東瓊州府撫黎通判黎崗叛服不常倖爲之興學校教婚喪禮及釐市館航法黎感悅歸版者三百餘崗瓊産甚富

尙苞苴俸旦暮視天不敢一錢自欺民歌曰人道我公清似水我道公清水不如時洮兵叛當道束手俸曰此國慮也毅然請往平之解組後民懷其德猶鄭寄國慮無雙詩歌於其家詳見黎岐經始傳

## 文學

文章者道德之餘令自仕宦七品以上有以著作重者亦同編列傳其窮而在下文可華國學可章身並載其書名卷牒工制義者亦間附焉

宋

吴穀天聖甲子進士性格簡重操守清正仕至大理寺評事以文章名世時人稱其補天有手撚月多才

吴轂景祐甲戌進士授濠州知府其才名與兄穀齊稱詩文行世雖殘縑剩幅一字一金時人以二難稱之

劉知新字元鼎少穎敏淹貫經史遊太學有聲大觀初廷試第一知緜州政尚慈祥所著詩文多士奉爲軌範蔡翊曰讀元鼎文如拾璧藍田觸手盡難捐之寶爲時所重如此

吴彦申字聖時幼篤學日誦千言父祖爲長興宰卒於

官中廬墓三年登政和壬辰進士人稱其學綜百氏文成一家詳見其甥李綱所撰墓誌文

吳巳之性敏慧倜儻宏博凡詩文詞賦咄嗟而辦登寶慶丙戌進士授杭州知府治理優裕每登吳山天竺諸勝吟咏竟日風流不減樂天

吳松龍讀書多創解下筆自成韻語登寶祐丙辰文天祥榜進士授松溪縣尉雖居下職文章價重臺閣

明

姚珙敏警卓絕名流共推明初人文寥落珙獨銳志儒

業遂以文章驚人登永樂乙酉科文風爲其首振

鮑畢少卽希古及長朗達有儁才永樂甲午鄉薦乙未

第進士授禮部儀制司主事所著詩文標的當時

趙樞登永樂庚子科授四川雅州學正工於詩體格獨

宗漢魏

吳仲賢居深山矯矯拔俗博該墳典善屬文詞嚴而理

暢庚子科與趙樞同榜才名並擅當時

葉祥永樂甲午科鄉薦學問淵博文詞典贍嘗講學石

龍山下名士多出其門

吳譽顯識通達體器宏簡文源領癸卯鄉薦譽讀文書力銳思沉邃以儒雅名登成化辛卯科才華爛若披錦士林共法

吳述字景明八歲牧牛過里人陳龍峯先生講學處竊聽心喜遂向求學陳難之適有負木者至陳試以對云擧大木述應聲曰折高枝陳奇之遂授以學才思俊拔善校練文義由歲薦授無錫丞陞盧州衛經歷多政聲狀元孫經阜贈以詩有佐政能齊卓擲文欲並藕之句所著有東軒集四卷存存集十八卷

吳行可字藎卿品正行篤博涉典墳旁通秘旨下筆都成妙義不比尋章摘句時稱博學君子歲選福建建陽教諭尋赴任越日而卒所著有經史滙參待刊行世督學鄭以熙朝顯俊表之

姚文焻字鳳竹童牙稱奇稍長高視遐聽居百丈山揣摩舉子業三歷寒暑每臨文如萬斛珠泉滔滔不竭萬歷壬午領北直鄉薦累官順慶府同知所著北遊草文章正軌二集

國朝

季灯歲貢生好讀書至老不倦邑令程公聘修前志所著有四書本義周易傳義纂唐詩類選古文類選四六類林古文摘金等書太史張石虹爲之序因貧不能梓行督學使劉公以行潔文正表之

吳運光字暉吉博學多才善古風行文滔滔汩汩有韓軒蘇海之觀康熙丁未設帳於日涉書院當湖陸子清獻客遊濟川叙論相得遂撤臯比而受學焉壬子秋以額溢中副車邑令程公聘修縣志匝月告成乙卯授建陽教諭轉攺和縣丞子鏐鎬俱丁卯拔貢

李玗號璞莽讀書過目成誦教授生徒先論品質次取文藝嘗自謂貧士無德可見能竭情進就即見德處也以歲選授蘭溪訓導舉課而評日久不輟解任後蘭庠士子感其訓誨之勤猶致書思慕云

余勳歲貢生初結文社於石龍山寺邑侯李秉綸親臨督課屢拔前茅侯去後讀書於萬松菴吟風弄月稍成卷帖惜未梓行

吳爔初捐國學後恥不受折節讀書銳意進取既而[illegible]餘登歲選康熙丁酉入鄉闈因制額限同考官李[illegible]

鯤深爲惋惜

姚大霦字惟能品詣端方器宇高爽好讀書善屬文屢試不第二子七孫並擅才名由歲選任壽昌訓導簪纓之盛爲邑稱首後以孫梁貴贈通議大夫按察使司按察使

周之晁歲貢生姿性穎慧廣記博聞鄒公初建書院首延掌教蔣公黃公繼之俱加禮焉行文如輕車就熟嘗謂人曰吾文無他奇聊收藥籠一用耳出其門者皆知名士所著有省愚集藏於家卒後督學于公召

其子廩生世俊出所書經術遺芬四字贈之

吳得訓字濟三號質亭博極羣書意氣豪邁以拔貢考授同知與青田韓錫祚相友善凡所歷山川風物皆有撰述居家搆別業于鏡水園延師訓子弟里人咸取則焉

季鍾儁號習齋玗之次子也性沉靜不妄言笑專志經史及百家聲韻之學督學王公蘭生評其文曰細心審理浩氣行文故非常透闢直令千人坐廢以歲選授寧海縣訓導誠敬感人多方訓士卒於任所闔庠

賻之歸

吳機字上錦西隅人新寗知州吳鳳翔曾孫也博聞廣見頴悟絕倫弱冠餼於庠督學彭公啟豐稱其書卷之氣堪入大家堂奥惜乎享壽不永

姚長湄字敦麗號檀園邑廩生雄才高致磊落嶔奇所著詩文受知於督學錢公退授生徒名震一時當貢之年賫志以没人咸惜之

姚燕葳貢生好學嗜古所製詩文積成卷軸而謙厚和平尤無自滿之色士林以此多焉

吴元棟字屢峰性沉静寡言笑不事繁華博涉經史究心制藝試必冠軍邑令闗延修志乘取裁精當宿學老成共推一邑之望子啟甲啟丁俱遊庠餘詳後傳

季炳九都黄壇人嘉慶己未由廩貢選授衢州西安訓導訓課精勤士心悦服其所造就多一時知名士蒞任十餘年教澤深長治行超卓且詩禮垂訓堪爲士林模楷子應坊應塏俱歲貢生

余鈞號中峯郡貢生候選訓導素行端方通經史辛酉協修邑志校正甚多教授生徒亦多拔萃之選

周原字緯九邑貢生性厚行端專志經史學問淵博教授生徒多闡發經義邑令譚以詩文相質常友事之

余塏字爽庭后田人貢生余鎔之子少穎異篤志力學克自振拔未冠遊庠食餼試輒優等棘闈屢薦不售壬戌歲貢壬辰春選授會稽訓導惜未及赴任先卒

吳登瀛號仙洲邑貢生秉性毅直博通典雅日事詩文至老尤勤且居家孝友遇地方義舉孳孳不倦所著有羣書精華經餘滙參等書惜未梓行問世子侗遊庠食餼佶亦有聲黌序

吳球字碧峰上管人邑廪生禔躬敦飭好學沉潛屢試優等遠近從學者甚衆未及貢先卒士林惜之

季照號玉山秉性簡重博極羣書造就生徒循循善誘如坐春風中甲申歲貢不及遷教先卒子垣早歲食餼文行亦稱克肖

田嘉瀚竹口人邑廪生性嗜學工書法講求經籍留心制藝在省城敷文紫陽兩書院肄業課輒優等秋闈屢薦惜賫志以沒其子煌和亦同時入庠

吳爲霖字甘泉邑廪生底墅人性洒落工書法邑中美

舉每樂贊勷訓導俞以文行眞優嘉之惜正當歲選先期而卒子熙廩生亦善書

吳肇康字元臾西隅人邑廩生少讀父書博通經史尤敦內行孝友著於鄉邦惜享年不永未竟其志子寗海孫維鍾俱庠生積學砥行克紹前徽

吳榮祖字顯緒邑廩生力學勵行恂謹篤實教授生徒造就者衆著有素軒吟草待梓學院李以篤實光輝額表之

王成績字紀常東隅人邑廩生器宇英特甫成童試輒

冠軍遊庠後行止恂恂益留心經史每多闡發精義教諭沈評閱課卷决爲遠到之材惜攻苦遘疾不克赴闈而卒傳見藝文志

田嘉脩字敏齋歲貢生天性孝友學問淹通善屬文工楷法與弟嘉瀚同肄業紫陽敷文兩書院課輙優等名盛一時及耄居家授徒出其門者皆知名士長子艮邑庠生早世次子謙道光丁酉拔貢

周大成后田人歲貢生持躬端謹博學能文里居課徒多所造就道光壬辰邑令吳延修志乘校正半出其

手子維謨維烈俱明經

姚樹均字平之城內人邑廩生善屬文試輒優等鄉闈屢薦不售教授生徒循循善誘信從者衆惜乎享年不永

余銑后田人恩貢生性嗜學博通經籍壬辰協纂邑乘多所參校士林重之

吳濾字望廬大濟人歲貢生好讀書博通經史性鯁直獎善疾惡無少詭隨尤好義急公凡地方善舉踴躍從事不避嫌怨里居授徒造就有方一時名士皆出

其門子其楨孫日熙俱入庠

田謙字桂山拔貢生性穎異好讀書行文如蘇海韓潮滔滔不竭在省垣敷文紫陽兩書院肄業課輒前茅後設帳雲鶴山遠近從學者數十輩類皆造就成材子慶方孫福俱入邑庠

吳江字宗海望廬君之胞弟也生姿穎敏植品端方好讀書至耄不倦設帳數十年從遊甚衆咸豐庚申膺

恩選知縣汪斌贈以經明行脩匾額親旌其門舉凡採訪節孝修輯志乘捐置社倉等事無不實心襄理

年七十夫婦齊眉門下士爲之製錦稱觴生六子長其梅明經次其椽六其秎蜚聲黌序餘並列成均孫曾林立四代同堂合邑皆欽慕之

周焜字崑山周墩人郡庠生性沈靜好讀書耆老不倦設帳里門遠近爭來負笈造就多士至今邑人猶稱頌不置云

季垣西隅人歲貢生性情古樸學有淵源試輒優等鄉閭屢膺鶚薦惜額滿見遺里居課徒造就甚衆士林咸推宿學焉

姚律成字晨樓后田人歲貢生候選訓導品端方學淵博肄業紫陽敷文各書院課輒前列鄉闈屢薦不售子㽦由廪貢生官仁和訓導炘廪生均克繼志

田和竹口人恩貢生敦品讀書不苟言笑尤精醫理兄煌早世撫姪慶餘如己出教育成材人皆稱之

季占雲號仙橋城西人歲貢生性孝友品端方博學能文造士甚衆兼精醫理不趨勢利不履公庭知縣蔡烜嘗謂武城得人於斯再見非虚譽也子觀韶增生亦堪繼志

仕績

古人小善必錄況登仕籍著嶶猷顧可湮没不彰乎甘棠去後尚切謳思桑梓仕績尤宜詳紀

宋

吳植熙寧庚戌進士宰長興清愼勤恪政以慈和爲先民歌曰名父杜母知何在今日復見長興宰尋卒於官民皆巷哭楊龜山先生有傳

吳椅嘉熙戊戌進士授韶州知州治尚寬簡民有抑不伸者雖三尺童子皆得訴白久之訟息

元

吳鉄字貞甫由人材官延平府府尹陞延建邵道政本忠愛循聲卓著士民感戴後延郡祀名宦知縣羅岳珏有傳

明

吳紀字正綱由恩貢選授江西瑞金縣知縣倜儻宏博經濟裕如捐俸濬渠以資灌溉民咸享其利後因親老告終養歸里瑞邑父老遮留塞道立德政碑誌去思焉

胡俸少負大志從父遨遊入廣西儀衛司籍登嘉靖己

丑進士授行人應對莊雅朝野著望

吳宇風穎標徹淵通有識由恩貢授同安縣丞陞將樂知縣居官英敏宏達境內大治

周軫自舞象時即名喧鄉邑歲長英拔名流以明經授河南鈞州同知敬慎廉明凡有疑獄不決者片言可折吏民咸頌其神

吳慶會字泰遇少穎異十六廪於庠十九應萬歷丁酉選貢英資濬發筆力遒勁入北雍爲名流所推三試北闈不第謁選授廣西平南令再補湖廣漢陽英明

果斷有政聲以亢體左遷藩理歸所著有四書義及岩居詩稿藏於家

季時芳少遊于常山進士詹承祉先生之門天啟七年恩選任太康主簿與邑令許無奇詩文相得凡興利除害勷兹運糧諸巨務悉公籌畫無不曲當咸宜士民爲立德碑撫院樊廉其才可大用題陞岳州衛經歷以母老乞歸致仕

葉春字子仁稟性孝友多幹濟才幼從叔學叔故遺孤撫育娶配雖堂弟無異嫡親及初丞新興有山民積

逋以情感之卽刻輸納無欠繼令吳川有海寇肆掠以理諭之卽時解散地方以寧陞高州府判以母老陳情懇乞終養致仕

吳希點字樂真練達勤敏由歲遴餘杭教諭陞福建連城知縣政簡刑清再任廣東惠來知縣凡有疑獄判斷如神吏民咸服後卒任所合邑賻之歸里

國朝

吳鳳翔字鳴陽謹訥寬和與物無競由恩貢授廣西新寧知州俗稱難治翔下車不事刑威崇尚德化翕然

大治以親柩未厝力乞終養

吳逢昌字起明由恩貢授廣東歸善知縣常俸外不漁民一錢頌聲載道歸家日槖垂如洗寒暑無資黨族莫不憫其哲而高其節

吳王眷字天玉風度雋朗敏給多才由歲薦任樂清訓坐氈雖冷文魄愈强課士之餘流覽雁宕龍湫諸勝其超奇曠逸之致悉達於詩告休日多士揮涕以送家有園曰日涉胥集故舊作文酒遊郡守張公懷德慕其名特以大賓席召之當湖陸清獻隴其題其像

曰神清若鏡目慧多采濯秀靈峯問奇學海筆掃千
軍玉積萬倍射策金門敷教潮滙雁宕龍湫時供遊
旆錦囊詩筒管城壘壘韻高一時流芳千載欲瞻典
型於斯乎在爲名儒所稱羨如此

姚大齡太學生仕南直常州府靖江縣丞廉明正直愛
民如子致仕歸士民爭道餞之如失慈母焉

姚家棟太學生初任江西廣信府貴溪縣丞委署縣事
復任廣東南雄府保昌縣丞歷有政績致仕歸凡祖
宗墳塋均獨力結砌竪立墳碑至今永垂不朽宗族

以此多頌其功焉

葉上選號蒼峯初讀書於六如禪堂得髙賢指授刻苦厲志博通經籍所製詩歌深得三百遺意由舉人任會稽教諭加意作人一以藕湖爲範登其門者有光風霽月之想著有閬遊詩草傳于世後卒任所宦橐蕭然合庠賻之以歸

姚鈞培字蘭坪東隅人性情伉爽學問閎深由道光乙酉拔貢分發湖南歷署各州佐貳補授靖州直隸州州判居官二十餘年愛士恤民所至皆以廉能著上

游器重倅滿保陞知縣不就引疾歸著有燕北詩草公餘筆記待梓子醕庠生未冠早世醴候選從九醰湖南桂陽巡檢

田慶餘字瑞齋竹口人己酉拔貢由教習倅滿用知縣署湖南石門縣事聽訟多才政聲卓著致仕歸卒於家

孝友

嘗考周禮以三物六行教化萬民而孝友爲先誠以孝友也者天之經地之義民之則也登仕籍爲顯官其孝友間有互見至如蔀屋窮簷有天性惇篤專以孝友著者列之斯篇以昭民行

明

楊泮字肇卿九都人幼喪父甫冠入庠事母竭力母病焚香祝天請以身代仍刲股療之母没哀慟數日不食廬二親墳土皆躬負廬墓三年母素畏雷每遇風

兩往墳哀哭祀忠孝

葉儼字若思西隅人事親至孝父疾藥必躬進親沒家遭火衆競取財物儼獨跪柩側哀號遇人泣曰財物任取幸爲我救存二柩衆憫之齊救獲存其子文彬文溥皆明經祀忠孝裔孫邦材叅祀

吳相字汝弼西隅人節母邱氏遺腹生相甫長克盡子道母故相年七十躬詣司府陳其事詳表其閭祀忠孝

季叔明字正吾好學多才由明經任無錫縣丞以母吳

氏年老告歸母年九十七寢膳不離衾牏自浣母卒明年七十三哀傷絶食幾毀性當道旌其閭曰純孝孺慕子時芳時英皆恩選後昆蔚起是皆其純孝所感祀忠孝

吳儒字珍卿序班鴻臚寺聞父訃哀慟欲絶淚竭失明以鬱疾卒於官太倉王錫爵聞而哀之作孝子銘以表其墓

姚珱上倉人通判公琪之兄也珱事親孝奉侍惟勤翁官河南十餘年父命之翁所抵旅舍思親念切仍返

故里閱月親病攻奉湯藥晝夜不懈及病劇衣不解帶者經年居喪哀毀旣葬奔墓號哭遠邇稱其孝焉

國朝

季煒字寢昭孝子叔明之孫也由郡庠例貢任南寧府照廳事繼母先意承志一飲一食不敢先嘗遇疾衣不解帶五十餘年孝敬如一郡守周茂源孫大儒嘉其孝友四舉賓筵至今百餘年閒父老傳頌猶嘖嘖不置云

蔡文華竹溪人親嘗病癰華自舐毒延醫調治藥必先

嘗衣不解帶籲天刲股以愈親病而且心存濟物人有急難求無不周終年九十

吳之英國學生事母周氏年登九旬英竭力奉養孺慕不改母病請以身代及卒身不履閾外食必倚柩側三年持素其行如此學師白諸院憲馬以孝友可風旌其門

吳來聘字伊園邑庠生秉性剛直不倚聲勢母死未葬守柩侍食三年足不履閾孺慕號泣行路感傷蓋其孝思純篤至性使然壽至耄耋終後人亦多入庠

篤行

士能篤志勵行矯矯自好始終不改其節亟表之以振世善俗其庶幾乎

明

吳文由歲貢選授上海丞以節愛稱致政歸里有不給者輒周之壽七十終

吳節純謹雅重由歲貢選授新建丞月餘告致逍遥林泉人咸服其清高

吳贇歲貢生朴簡端嚴孝友丕著宰連城清介自矢歷

官三載一錢不取謝政歸結廬龍山下二十年無私謁識者多之

吳伯齡歲貢生性敏好學動必以禮正德間市失火齡拾得金髻詰朝訪還其人通判汀州有政聲及歸行已端潔爲一邑表望

吳禋純恪寡言由明經出任宿州二年卽謝政養親以孝聞宗族有貧者周之家居三紀不干有司爲鄉評所重

國朝

余湰字敷源歲貢生品詣端方事繼母以孝聞平居無疾言遽色宏奬風流技若已有人有不及者以情恕之矜愼自持始終一節邑令鄧觀重其人卒之日爲文悼之且親奠焉其子鎭淵源家學乾隆間脩理文廟以見義忘勞稱次子鎔學問淵邃耿介不阿亦膺歲選

姚居厚字粹然歲貢生氣節傲兀不樂趨附終日危坐無惰容喜誦周易至老不倦邑令羅岳珪兩以優行舉薦壬午秋奉部文截取將選而卒

季學康郡庠生居家孝友不妄言笑好善樂施邑建修文廟皆首出重資事兼總理分毫確當門橋修整

邑令羅聘賓筵年七十捡各佃欠劵燬之人稱長者

王廷聘字尹再邑增生學通經史詞尚體要性格端嚴勤於事親厚於鄰族實爲儒林領袖康熙四十九年邑令李容之以文優行篤表之

姚太岳郡廩生秉性端直有古儒風教授生徒至耄不倦一時名諸生多出其門下子必選中年雄於貲能以色養岳殁後捐己田四十把入報德堂備中元薦

親之需孫洙涵並貢生

田登邑庠生爲人循謹不事紛華鄰里貧乏者無不周

恤且尊師重道義方訓子子聯潤明經紹志

姚又輝邑庠生謹慎持已不事干謁友愛弟姪人無間

言且佐修　文廟城隍廟兩澂寒暑勤力忘勞教諭

丁棻以定力長才獎之

葉世美二都人性純樸兄弟友愛出繼伯嗣所承嗣產

不敢私諸已鄉人義之年二十九歲妻歿誓不再娶

嘉慶二年子光岳白其事於院憲以持義可風表之

吳來成字景韶城內人郡庠生醇厚溫恭孝友慈愛家無間言且焚券恤佃辭產立嗣其行誼卓然可表傳見藝文

王國楨字文學東隅人邑增生性端凝豪邁毅直不爲威惕利疚凡里中利弊抗言不避盬害之除與有力焉閭里咸高其義子秉坤元衡暨二孫讓勳俱遊庠

姚鵬邑庠生東隅人孝友慈愛篤實率真教諭程以孝友可風獎之疾將危囑其子孫曰予提白金千兩里有義舉汝曹見即勇爲子庠生樹嵩增生樹時捐社

欵壹百石孫貢生修又遵囑倡建宗祠纂修族譜助貲修造文廟城隍廟文昌宫育嬰堂暨橋亭道路可謂象賢繩武邑令黄給以克紹箕裘匾額

姚涵字國柱邑貢生后田人小心謹慎慷慨周急長兄洙物故侄芝旋亡撫孤承恩延師訓讀代理家務綜毫不苟且修理　文廟不惜餘囊首先倡捐兼董其事知縣鳴暨朱王兩學師贈以秉公倡善匾額

吳來雝字頴元城内人郡庠生持已矜嚴接物平恕稍睦鄉里善觧人紛且喜倡修亭路足跡不入公庭惟

焉庭訓子孫並入膠庠邑令李以推惠睦隣獎之

姚炳邑庠生東隅人性倜儻識大義親歿篤愛弟妹無間伸弟巖謝世撫孤成立讓產與之其天性純篤無愧古人儒行生四子俱遊庠三樹櫝食餼

吳飛雲字從峰邑增生性直量洪不樂仕進遇隣族有力乏者以時周恤乾隆壬辰興修　文廟量力捐資葺理不懈北門橋傾人多病涉力爲倡修以濟行旅年臻古稀讀書不倦教子成立詳見後文

姚駒增廣生東隅人持身謹嚴秉性和易佐修　文廟

邑令鳴予以功裕膠庠匾額繼修城隍文昌諸廟及捐造育嬰堂董理其事奉文置社義倉捐入穀伍拾石可謂急公好義長子鈞培乙酉拔貢國子監肄業次樹均增廣生

吳一桂邑貢生弟一玉邑增生俱飛雲子養親以色處兄弟以和佐修　文廟不辭勞瘁知縣鳴暨朱玉兩學師贈一桂以贊善成美贈一玉以力捍宮墻匾額並獎以誌競爽

沈玨璣上沈人寄居浦邑善居家兄弟共爨家繁七十

餘口耕讀各安其業且置家塾延名師課子成立今其子藉食餼孫之倜之瀾相繼入庠壽踰八旬儒學沈給以佑啓我後匾於其祠

張德配字宜福郡增生孝親睦族言行不苟佐修 文廟城隍廟及倡建閣門嶺橋等工學師丁以有恒不苟贈之

葉之茂字松濤邑貢生東隅人渾厚和平言笑不苟佐修 文廟文昌宮及董理育嬰堂矢慎矢勤與弟之苞先後食餼一時競羨其子榮葵克守庭訓亦有聲

庠序

姚灝字卽登後田人性豪邁少遵父訓試卽遊庠凡宗族鄉鄰有事無不善爲調解佐修　文廟督工善爲經理至今人猶稱其爽直

吳應凝邑庠生上舍人事親克孝每逢雨雪暴作奔墓號泣人稱純孝且誼切枌榆平時建橋修路荒年平糶接濟毫無德色遠近嘉之壽踰八十終

吳應壽上舍人清潔自愛厚親族睦鄉黨凡里中修道路建橋梁無不首倡樂成人咸稱其樂善不倦

季天魁字世翰西隅人歲貢生性耿介饒有古風嗜讀書屢膺鶚薦且留心古文至老不倦孫聖功蜚聲黌序克紹前徽

吳其瑛字月山國學生賦性豪爽尚義疎財尤篤孝友毋年邁晨昏定省不離左右偶有疾扼腕撫膺誓以身代事兄盡恭撫孤姪克盡慈愛而教子獨嚴其子由案首入泮者三人總無譽子之癖

吳東垣字楚厚后田人國學生正直耿介急公好義督建馬侍郎廟登雲橋及宗祠疏通趙公水堰不辭勞

瘁至公無私年六十而卒鄉里惜之

吳建盛西隅人醇樸尚義修砌角門嶺及棘蘭隘路各數百餘丈捨租入祠薦祖置業爲兄立嗣凡橋亭義舉無不樂輸鄉里稱焉

吳恒晶字崑山大濟人邑增生幼失怙事母以孝聞兄喪明服勞盡職性尤好善捐田以佐賓興平糶以濟荒歲凡地方善舉無不慷慨樂施知縣吳贈以德厚流光匾額今孫文淵文斌克承先志

許汝明字振郎竹口人耆賓性孝友好施與敦本睦族

捐租入祠修橋砌路悉力贊勷知縣呂贈以年高德邵匾額孫作舟歲貢生多行善舉克繩祖武曾孫耀昌列庠

姚廷銓字秀升后田人太學生稟性温厚凡遇善事輸捐樂成知府陸以嘉惠桑梓恒以義同輸粟額嘉之

丁可富字水璘中村人秉性孝友慷慨樂施凡亭廟橋路諸義舉無不勇爲卒年六十有一子增貢生思濂克承先志知縣葉舒呂叠奬以學隆經術行表言坊功溥利濟匾額

蔡克奎竹口人邑庠生居心長厚地方善舉無不踴躍贊成尤篤友愛兄早卒撫姪成立壽至八十六歲人稱積德之報子國隆庠生國鈞職員均善繼志

吳元圭字閬富荷地人性純謹友于兄弟人無間言子際隆候選從九有乃父風

吳應辰字雲衢西隅人國學生性孝友持躬尤耿介兄弟四辰居長同父創業父病革密謂辰曰余昔藏金某處將以遺汝辰唯唯父卒同諸弟啓所藏均分之析業時以磽田歸已肥美者讓諸弟宗黨咸稱之子

嘉純廩生亦有父風

姚庠字初登邑庠生植品端方足跡不入公庭尤樂善好施知縣樂贈以行齊伯高匾額

姚蓥字克順邑增生質穎悟通經史洞明易象深悉堪輿著有受梅說九旋操解待刊性孝友善事繼母人無間言享壽八十五歲教諭朱贈以持躬雅尚公而恕接物尤難謙以恭楹語

葉榮菼字伊亭東隅人恩貢生敦品讀書絕無非分之干道光壬辰纂修邑乘與有力焉子懷珍遊庠紹志

姚士元字殿選邑增生工文藝精賦律試輒冠軍性孝友誼篤天倫操守尤不茍士林器重之

吳懋本字達德黃壇人邑廩生性穎異好讀書誼敦孝友樂善不倦子爲鵬增生爲光廩生克紹前徽

姚一煥字煥然邑庠生經術湛深有原有本且孝友兼盡尚義疎財知縣舒以自是存心真篤實睟然見面有輝光楹語贈之

范紹文邑庠生爲人公正倡修亨利橋梧桐亭悉心董理子德升國學生克承父志

姚冠城內人號魯儒附貢生性長厚尤善承祖訓捐節孝祠祀田建停棺所歲歉平糶多行善舉鄉里稱之

范登雲南陽人邑庠生秉性豪爽慷慨仗義凡修造橋亭無不多方贊助子雄豪國學生雄才武生均克紹前徽

吳其賡字有臨后田人邑庠生性毅直善屬文凡修建橋亭嶺隘諸善舉靡不踴躍贊助知縣陳以秉正堪嘉額表之

## 尙義

博施濟衆聖猶難之而一鄉一邑災祲時有不能無藉於補苴或輸粟或捐資隨其大小皆稱義舉策其名標其行當亦有聞風而繼起者乎

### 明

葉仲儀西隅人正統庚申大饑儀詣闕輸粟一千五百石助賑表旌義民戊辰又饑儀仍輸粟五百石表賜冠帶授七品散官賜宴大宮殿後建學偕弟仲玉姪汝寬助金三百兩祀忠義裔孫芝茹奉祀今方中接祀

吳彦恭六都芸洲人正統庚申同葉仲儀各輸粟一千
五百石表旌義民祀忠義
周公泰周墩人成化戊戌大祲納粟一千石賑饑有司
詳其事表旌其門祀忠義
吳克禮西隅人朴素自持正德時上粟例授冠帶捐金
二百兩磚砌縣道縣令陳澤旌其門曰尚義祀忠義
葉荷東隅人秉性渾厚尚義好施九都竹口街衢崩毁
獨捐貲磚砌往來頌之祀忠義
吳叔寅慷慨樂施市失火拾得釵環次日訪還失主萬

歷二年饑田租悉蠲不取祀忠義

吳沛公直好義時鹽商騰價害民沛毅然愬於省憲二

歷寒暑勞苦弗恤多捐巳橐及蒙院司批准包引納

課鹽害始除祀忠義

吳道揆字汝濟下管八天性孝友尚義輕財嘉靖二十

五年造城奉文變賣慈照慈相伏虎三寺田充費揆

納價四百餘兩田歸三寺萬歷元年捨田三十六畝

入學道府旌其義一切賑饑濟貧建橋修路口碑載

道子儒俸仲皆居官有聞祀忠義三寺僧衆感恩每歲三元脩齋薦之

王繼滔字東源秉性慷慨通曉大義萬曆三十六年捐入上漈田大租肆拾石以備修葺學宮之費其子錫俸官仙居訓導誠敬感人訓士有方一時士林宗仰亦積善餘慶之應

國朝

余槐字德三少好讀書工文藝屢受知於督學諸公爲明經領袖鄒令募建書院即出白金五十兩爲諸生倡兼董其事遇歲饑煮粥賑濟活者甚衆子漳天性孝友疏財仗義與兄湛同爲知名士父歿後兄繼卒

撫二弟成立俱登庠乾隆甲辰奉文截取未任卒
吳宗賢字繼孟邑增生厚重簡默慷慨慕義獨修西門
外路二十餘丈佐修　文廟首先捐資縣令唐若瀛
贈以品重璠璵乾隆四十七年城市絶糶往松買米
平糶縣令王恒贈以倡義惠人各有匾額子銑有慶
俱遊庠
吳昌興國學生后田人見義勇爲修宗祠造春亭凡橋
亭道路或獨力建造或捐入粮田計需資叁千餘兩
知縣具詳各　憲已奉

旌表建坊道光二年建育嬰堂又捐田拾畝紋銀壹百兩知縣欒詳請　督憲飾給予情殷懷幼匾額今其子體人多行善舉亦能善承父志

姚鸞字和聲邑增廣生時年九十歲城東上倉人尙義疎財嘉慶乙丑建節孝祠費金捌百捌拾兩邑侯劉種桃教諭吳江有記丁卯修濟川門外路費金貳百貳拾兩已巳邑侯吳沆卒於官署廉橐無餘購貲叁百兩運柩回籍壬申建番墺積善亭并築亭前通濟橋並砌該道路共費金貳百肆拾兩道光甲申郡城

建試院獨輸洋銀叁百員乙酉捐置社義倉穀倡輸肆百碩丙戌修郡學獨輸洋銀玖拾員是年又命三孫園砌甃磨子嶺上建世美亭造大士閣捨茶田捌拾把通費金壹千捌百餘兩縣令黃煥有記至剏宗祠修族譜建嬰堂造渡船累費柒百叁拾金舉凡掩骼骨修寺廟無不樂施丁亥紳耆舉報有司詳其事

各憲核看具題吏部議奏奉

旨依議欽予州判職銜知縣吳綸彰贈以

熙朝嘉善匾額庚寅復出貲叁拾兩助育嬰堂經費辛卯

江南水荒奉文捐解賑饑倡輸洋銀拾員本歲郡城
修通濟浮橋又獨輸錢肆拾千文府憲劉棨玠以樂
善不倦嘉之 附載藩憲覺羅慶善看語
品端行潔志善心慈本立道生不吝輯譜建祠之費
安人修己何惜築橋濟渡之資獨輸釁庠之工以昭
景仰慨送回櫬之助用報花封憐峻嶺之崎嶇平除
恐後闡幽光之潛德建祠爲先廟貌聿新囊無不解
康衢平坦金所必捐藝林傳仗義之名嬰院感推仁
之德千箱米穀歸諸公社之倉五畝耕田盡作烹茶

之舉八十五齡之樂善耄耋彌勤四千七百之好施輸將有益

葉邦馨國學生東隅人賦性純良持躬克儉里有艱於婚葬者求之無不樂助且若修道建亭捨地建社義倉暨獨造打鼓嶺觀音堂美不勝舉尤可嘉者每遇歲歉首倡減價平糶邑令黄以尚義可風額表之

吳義衣二都人秉性温厚子先登國學生樂善好義嬰堂社穀量力捐輸邑令樂以仁徵慈愛黄以見義必爲叠予匾額嘉獎

周增松一都人樂善好施獨修濛淤嶺二十餘丈孫永

福監生復建濛淤亭並捐灘塆田四十把永爲茶火之需邑令樂以惻隱爲心黃以好義裕後疊予獎勵

姚樹德城内人介賓品端疏財仗義脩無疆堂建太平橋捐田租備修葺平險道築孤坟善行卓著知縣黄贈以光前裕後匾額子成園冠均克承父志園黄煥另有記

善良

純謹渾厚本於天性其人皆足鎮頽風而砭末俗今擇事之可傳者概列於此以寓激勸微意

明

吳溥少業儒以右道自期有族侄逋粮受刑溥以白金一百五十兩予之侄廢業以償溥不受年七十親友有爲壽者溥曰吾少不顯揚老無樹德安敢言壽醅朴謙厚其性然也捨田四十畝入勝因寺寺僧如怡共薦焉

吳塤以孝友聞不爲利疚堂叔怡之嗣諸猶子爭立惟塤應承嬸姚氏亦欲子之塤曰右人遜國豈異人事堅遜不嗣姚氏分金三百併不受

季廷瑞字子祥西隅人資性明敏涉獵經史事母敬養備至孝友感人里族皆爲之化

國朝

吳世哲字兆明介賓少失怙事母以孝性厭羶逐未嘗因利一字取憎戚朋和宗睦族有古儒風耿賊陷城掠取財寶合邑驚惶逃竄哲自據案讀書絃誦之聲達於戶外賊聞之相戒勿入族賴以安賊平後邑令梁允植首舉賓筵時論榮之

余世球好善樂施周恤鄰里曾獨力重修詠歸橋至各道路凡有建修不惜重資康熙二十六年邑令梁聘舉賓筵子勳明經紹志

葉作遴北門人賦性忠厚志存周急雍正三年北門火
災遴亦被患族隣有遭難者先給米穀并出白金接
戶分散後遷居東門閭里感其醇厚咸稱長者邑令
鄒儒訪聞贈以忠厚傳家匾額
吳邦勳郡庠生好義輕財橋亭道路多所倡修乾隆四
十九年歲饑鄉民乏食勳貸百餘金往龍浦買穀以
濟人佩其德嘉慶元年
覃恩賜八品頂帶
劉春華家貧好善至老不倦倡修梟橋及角門橋至今

來往人咸感之

吳兆桂篤性友愛多樂義舉倡修梧桐嶺並建甘霖堂復捐租五十把爲茶火需往來稱羨邑令熊贈以光前裕後匾額子星海亦以孝義聞舉賓筵

季上機黃壇人庠生好施予嘗捐田入神農社並竹溪文昌閣寨後嶺頭亭等處乾隆乙酉夏里族被火機戶給粟一斛所濟甚衆明年松溪李源村火災濟給災戶亦如之

田聯沼竹口人監生爲人樂善好施嘗施棺板有死無

所歸者受其惠乾隆十七年邑令鄧觀以情深濟物表之

葉德賜撞湖人賦性誠實志存周卹遇年饑儉以自奉煮粥濟人鄉里德之

吳元瀚邑耆民純謹温厚足不履公庭身不隨凡俗時嗣母早故生母猶存視膳不諉伯仲且樂善好施惠周行旅四代同堂壽踰八袠邑令李額以齒德偕尊

季學勤號懋亭邑庠生資性穎敏植品端方辛酉協修邑志校正多出其手壯歲喪偶義不再娶士林嘉之

葉邦達東隅人敦厚篤實耿介自矢處家庭分多潤寡交親隣損已利人訓子成立長子之茂貢生次之苞亦食餼學師葛以耆英著盛嘉之

周瀚才邑貢生四都人樸素簡默持已端方且詩禮垂訓四子俱入庠序章胡兩學師以畬經世德贈之

姚匡字國俊國學生后田人惇謹渾厚樂善好義嘉慶五年獨建喜鵲坳嶺亭一座便人休息又念茶火無資亭側復造房屋一棟為晉亭人安寓並捨入田租六十把為茶火需行旅往來人多利頼

練學廷國學生后田人居家孝友慷慨公平處已待人
謙恭可挹邑令黄薦舉介賓贈以齒德兼隆匾額
蔡朝璠字仲官十一都朱塢人居心正直處世敬和治
家嚴肅無苟然諾不妄言笑嘉慶乙亥邑令譚暨鄭
王兩學師薦舉賓筵子遇龍孫言入國學聲亦列庠
楊茂賛西溪人壯歲喪偶家雖小康義不再娶壽臻耄
耋目見四代且獨建村橋往來人無病涉鄉里德之
邵文元姚村人行端性樸樂善不倦里中橋路無不傾
囊修葺且義方有訓子安仁入國學文仁體仁俱入

庠序邑令樂以品重南金黄以望重鄉評疊予嘉獎

吳先經字及文上管人邑貢生篤嗜詩書樂善好義道光辛巳邑令樂首舉賓筵贈以齒德文望區額黄贈以深明經術疊予嘉獎

吳先飛字及羽邑庠生上管人性渾厚喜施與不趨勢利足跡從未履公庭贈風古處一鄉稱善

吳元榮上管人温恭和平持躬謙慎奉養雙親怡顏悅色誼篤姻睦推信[illegible][illegible]里奉為表式

吳起元后田人性[illegible][illegible][illegible][illegible]識持己待人悉歸謙恭

凡有義舉罔不樂爲他如倡修榅坳嶺鑿石七百餘丈經理城隍廟不辭勞瘁城鄉善之

張明裕黄沙人忠信待人義方訓子且助貧嬰堂社穀捐修橋路郵亭無不樂成邑令樂以圭璋品望獎之

劉璩字温庭五都人郡庠生賦性渾厚處事公平且情殷義舉倡修橋亭道路無不傾囊相助儒學沈以儒林模範贈之

吴象謙邑增生上官人稟性豪邁工八法得屋漏痕折釵股遺意士林重之

姚平後田人自號蘭亭居士專工大小楷書有魏晉人風格子琴貢生亦善書

蔡克元竹口人邑庠生秉性公正植品端方凡遇地方公事悉心董理毫不涉私鄉里重之

吳望烈邑耆賓大濟人秉性渾厚好善樂施知縣莫贈以品重鄉評匾額子墉國學生克承父志遇歲歉減價平糶且輸社穀修道路一切義舉咸樂贊成邑令黄以誼重枌榆褒之又捐租入育儲二莊以佐賓興之需士林咸重焉教諭沈有記見學校

葉維順齋郎人為人誠實好義建造橋亭修築道路不惜重貲子宗選國學生善繼父志亦慷慨好施邑令吳以一鄉善士表之

范連捷大岩人公直好善修築橋路無不樂為子邦卿能體父志捐社穀助嬰堂樂善好施邑侯樂黄俱有匾獎孫耀文等多入庠

吳慶十字隅之東隅人性仁慈樂行善舉當耿逆攘城屍積盈巷隅之出其資築大塚於城南盡取暴露埋之至今人稱道不衰云塚石砌現存

吳一麒西隅人邑增生品端孝友克全足不履公庭義方是訓子孫並入庠次子虞薰長孫美先俱食餼

吳治字亮功西隅人國學生持躬端謹處世和平壽踰古稀四代同堂値歲歉減價平糶邑令黄焕贈以誼重桑梓匾額子美金明經孫有書列庠

吳思醅底墅人增廣生性温厚好施予持身尚潔教子有方子懐璋桂璋炳璋耀璋均列庠壽逾古稀後裔繁昌足徵爲善之報知縣宋贈以齒德兼隆匾額

姚成城内人號纘堂國學生急公好義善體親心贊勷

義舉歲饑減價平糶有德閭里知縣吳綸彰以德並善明表其門

蔡化龍字邦佐朱塢人太學生性和厚尤好義凡建造亭橋諸善舉慷慨樂輸知縣范贈以碩德望重呂贈以克紹箕裘匾額終年八十八歲子監生魁亦能繼志

吳肇文字開創郡庠生急公好義訓子有方子際熙入國學際泰遊邑庠孫桂森亦克紹志

姚遠聲字和齋國學生嗜學不倦尤好義輸社穀修社

廟倡建集義橋捐田以備修葺知縣林步瀛奬以見
義忘勞匾額後以孫時澍貴贈明威將軍都司銜
吳肇珍字開業例貢生性毅直尤尚義凡橋亭道路諸
善舉無不踴躍樂輸鄉里稱之
余光通高漈人爲人忠厚尤仗義急公凡修嶺建祠及
倡脩會館悉心董理鄉閭重之
吳步文字開田荷地人忠厚樸實四代同堂子漈淋身
列膠庠克紹父志
吳家齊字登堂后田人國學生幼失怙恃知自檢束尤

急公好義凡地方善舉無不樂施歲歉減價濟饑鄉鄰德之

范紹光南陽人國學生性慷慨好施予凡里中橋亭道路無不捐貲倡修弟紹榮亦多行善舉鄉里稱之

范潤榮南陽人有古風秉性豪爽慷慨仗義凡修造橋亭無不多方贊助子孝德元泰國學生均克承先志孫纘聲列庠

## 隱逸

管幼安浮海入遼陳希夷高臥華山皆遯世無

聞者也慶邑隱逸無多見前志僅載一人今搜遺編又得二人以彼塵視軒冕銖視金玉無愧古人終南之識北山之嘲吾知免矣

宋

眞山民不傳名字亦不知何許人也但自呼山民僦居慶之松源鄉或云名桂芳宋末進士李生喬嘆以爲不愧乃祖文忠西山以是知其姓眞矣痛值亂亡深自湮没世無得而稱焉惟所至好題咏因流傳人間然皆探幽賞勝之作未嘗有江湖酬應語張伯子謂

宋末一陶元亮非過論也

元

姚棨字君衛號雲樵竹溪人幼敏睿長通經術詞賦尙書陳塏器之妻以女恩授永嘉簿不就賓興於京會賈專擅幸太學生伏闕極論不報遂退歸鄉里元史宣慰來慶元請見說以仁則得衆勿放火縱兵史從之衆賴以安史奏授慶元簿慨然曰本爲桑梓出願博官乎辭不受歸訂諸子作論孟直筆及范翰林奏有訪求賢士棨爲舉首以母老力辭續有薦者俱不

起扁所居曰心易尤精地理稱之者曰爵祿不能縻貧賤不能戚有雲外樵歌若干卷藏於家及卒臨江傅汝礪挽之以詩曰處士樵歌遠空山草木寒田生晚傳易陶令早辭官白日開琪樹青天見玉棺看君眞不死文采耿芝蘭其風概可想見也後徙居龍泉

明

葉璦字仲美少穎悟博綜經史年十三即蜚聲邑庠逾年領鄉正統辛酉試棘闈以制額限遂棄舉子業日與其徒談道遨遊山水築室薰山下琴書自樂不談

世事年七十以壽終著有薫峰吟五卷

僑寓

某山某水某邱某壑羈人旅客來自外籍而家焉者所在多有憑弔古今惟覩其人之可傳而傳之非是則無傳矣

宋

王伋字肇卿一字孔彰原汴人其祖訥因議王朴金雞歷有差欲排之貶居江西贛州伋因鄉舉不第遂精管輅地理之學棄家浪遊見松源山水秀麗遂家焉

祥符四年葬母舅劉氏於薰山下記曰魏溪坑口望薰岡黃蛇捕鼠是真龍但看七寸安正穴四柽擎天將相峯若問子孫官職位寅申巳亥産英雄大觀四年劉知新狀元及第乃其驗也仮爲人卜兆獲福者甚多故人以地仙稱之卒後門人葉叔亮傳其所著心經篇問答語錄范公純仁跋之曰先生通經博物無媿古人異乎太史公所謂陰陽之家者矣

明

周顒字仲昭山西澤州高平人永樂十八年由太學授

慶元縣丞歷九載清勤慈惠卒於官父老咸感泣曰願爲百世父母遂葬於竹溪之源其子公榮因家焉

阮廷貴四川永州人正統間由太學授慶元縣丞歷任數載多惠政士民感之遂家焉

王功字武功仁和庠生清峻端雅通易書詩三經剖晰精微崇正間避亂至慶設帳講學名士多出其門其子樞遂家焉

方技

垂弓和矢一技成名皆足千古邑中方技亦自

有人若概以小道棄之則周禮考工可以廢矣

宋

嚴道者王伋門人得伋秘授精於地理他日嘗爲人點穴拔竹揷地比伋至抉土數寸正揷銅錢眼中蓋伋預埋以試之也術亦神矣

國朝

陳于公洋里人少業儒過河墮水聞鬼呼曰良醫也遂扶以出後習醫凡生死壽夭一經切脈言無不驗有一產婦將分娩而氣絶公診之曰尚可生也命取黃

土一塊攤臍上用銅盤盛水置耳邊細篾敲盤不數刻而生人問其故公曰此婦下焦熱甚兒不敢下直上心頭抱母肝肺是以氣絶吾用黄土以清其火復以金水應之心清魂定兒下而母生矣康熙五十六年邑宰王開泰以翰林左遷頗知醫道誤自下藥病轉劇召公切脈公曰無能爲也夫人聞知脱簪珥以求治公却之曰病無生理何用此爲夫人曰然則如何公曰尚有七日可速料理諸務王聞之嘆曰眞良醫也雖京師醫院無此人也如期果終所著有傷寒

辯論等書惜未刊行

葉失名竹溪人傭隙而善談五行有一士人叩之曰家有孕婦弄璋耶弄瓦耶答曰也弄璋也弄瓦士人不解其故後孿生一男一女

吳之球上管人惠來知縣吳希點之孫也七歲能書揮毫落紙雲烟飛動至今如龍來鳳二橋匾額徐夫人廟聯對皆球手筆時稱爲字神童惜壽不永

姚祖讓郡廩生後田人耿介自持多積書以自娛其字法得顏之筋而隸草尤爲精妙一時學者宗之

# 慶元縣志卷之十

知慶元縣事林步瀛
史恩緯重修

## 人物志下

### 閨操

劉向列女傳清風亮節所取固多其間如曹昭蔡炎之徒世稱才女向亦備載於傳不復分辨後世閨操一門專尚志節正易家人所謂利女貞也慶邑數百年間韶年矢志皓首完貞與夫慷慨投繯從容絶粒者所在多有無論寒門世

旌採訪得實急予表彰且示勸云

元

鮑氏葉德善妻至正間善以從義勲授處州千戶歿於官時氏年十九無子誓不再醮勤紡績以養舅姑始終無懈家雖貧苦節愈堅至洪武三十年邑耆老姚仲安詣闕上其事下有司覈實以聞奉詔旌表

明

邱氏吳慶妻年十八夫亡哀慟欲絶數日不進粒舅

姑諭以遺孕爲重乃強而起有豪勢聞其色謀娶之抑斷髮自誓豪計寢由是獨臥一樓不履閾外敬事舅姑無怠志年八十終嘉靖二十年縣令陳澤上其事奉詔旌表

葉氏國學生吳化妻性沉默好讀書尤喜評騭列女每至節義處輙三復不置年十五適吳越五載夫得羸疾氏躬親湯藥旦暮祈天願以身代夫病革囑曰吾死任汝擇適毋自苦氏泣曰是何言哉設不幸當以死殉及夫故哀慟躃踊絶食七日嘔血

而殞時年二十縣令以其事聞奉詔旌表

吳氏姚信妻年十九夫亡無子家貧甚氏勤女工以自給終身無二志卒年九十九歲　國朝咸豐元年旌

余氏葉宏妻年十九夫亡遺孕數月氏堅志守節雖饘粥不給數十年如一日焉卒年六十五歲　國朝咸豐元年旌

吳氏姚贊妻年二十夫故茹荼飲冰苦貧自守卒年九十歲　國朝咸豐元年旌

季氏吳墳妻年二十三寡氏柏舟自誓撫諸孤辟纑佐讀有和丸畫荻之風戊子水災一隅漂沒獨其夫柩無恙人以爲節孝所感長子世銓次世勳仕蕪州通判有賢聲 國朝咸豐元年旌

國朝

葉氏貞女養姑字下晉吳良彩爲室未婚彩亡時氏年十六赴吳喪哀毁成禮立誓堅守父欲奪其志氏引刀自刺血濺閾地舅姑知其志爲立嗣家劇貧氏勤紡織以佐甘旨年七十餘步不出閨宗黨

敬禮之一日謂諸孫曰昔良人死吾非獨生設當
時以死從死誰則以生撫生吾故以心許死者以
身撫生者六十餘年辛苦備嘗若輩俱幸成立今
而後可見良人於地下矣言訖整衣端坐而逝遠
近聞者皆賫酒奠之御史楊甸瑛題其門曰貞心
壽世詳見流香傳

周氏王明學妻年二十夫故子之泰尚在襁褓氏撫
養成立娶李氏年十七泰亡姑媳同賦柏舟艱辛
備歷康熙四十二年温處道佟給以松柏雙清匾

額並請旌

吳氏貞女淑姬延平都司吳陳仁之女也字生員葉良英爲妻未婚英亡氏時年十九赴葉喪毀容截髮以死誓撫姪承祧守節數十年而歿雍正八年旌

曾氏生員吳焜妻夫亡氏年二十五飲冰茹蘖矢志靡他守節數十年以壽終雍正七年旌

周氏生員吳公望妻年十七于歸之夕夫卽中風亡氏立誓守志撫姪超爲嗣家貧甚勤紡織課子成

名娶媳李氏甫生子而翹亡姑媳同心守節俱以壽終雍正八年旌

吳氏李大孫妻年二十四夫亡守節有被以穢言者憤而自盡知縣王恒以其事聞得旌表

葉氏吳茂旋妻年二十九夫亡矢節有夫黨逼之嫁不從捐軀明志知縣王恒上其事得旌表

楊氏周宗燾妻乾隆六年夫亡氏年二十二撫孤守節有孟母風後其子廪生漣以母事實呈得旌表氏卒年九十二歲

練氏吳匡經妻年二十六夫亡遺腹數月氏兢兢自守撫孤成立卒年八十餘歲道光七年旌

季氏增生姚芝之妻夫亡氏年二十二遺孤承恩甫週歲氏事姑撫子苦節益堅卒年四十餘歲道光六年旌

范氏瞿智豪妻夫亡氏年二十四家故貧紡績度日守節四十餘年以壽終道光九年旌

姚氏庠生吳匡校妻年二十二夫故守節子幼撫訓成立邑令譚給以訓宗孟母額並詳請旌表其

孫元亦入庠

蔡氏田沃妻年二十七夫故撫孤守節子嘉琪嘉錦同入邑庠邑令黄焕旌以賢同孟母額長媳嘉琪妻吴氏年二十四寡吴亦勵志自守孝事邁姑始終無間后其長孫元亦蜚聲黌序儒學沈以植節嗣徽額褒之並詳請旌表

以下咸豐元年彙冊請旌並建總坊

楊氏吴德芳妻夫亡氏年二十四家貧事姑至孝姑病篤告天請代割股療之邑令旌其門曰節孝可

風後以壽終

吳氏葉廷章妻夫亡氏年二十撫姪爲嗣俾之成立孀居六十餘年足不履閾卒年八十八歲

葉氏吳廷馨妻年二十一夫故矢節孝事祖姑時山賊竊發祖姑令葉避泣曰八十老祖姑在堂豈有孫媳遠去之理乎苐吳氏一塊肉不可陷於不測將幼子寄外家賊至葉被執見其色欲犯之葉嚼血噴賊駡不絶遂被害

吳氏生員周貞一妻康熙甲寅閩逆陷城氏命子三

錫從吴陳仁起義兵死之氏泣曰兒死於難吾不
死必辱遂自縊
周氏夏松生妻年十九夫故守節卒年六十一歲
謝氏稟生真金和妻年二十八夫故守節卒年七十
八歲
真氏吴伯達妻年二十二夫故守節卒年八十八子
丹桂娶李氏年二十五丹故守節卒年七十八歲
吴氏生員季學濂妻年二十四夫故守節卒年六十
九歲

周氏庠生姚又彩妻年二十一夫故守節卒年八十五歲

俞氏葉維城妻年二十八夫故守節以壽終

蔡氏姚玉琯繼室年十七夫故守節以壽終、

姚氏吳懷璞妻年二十夫故守節撫遺腹子成立年七十三卒

季氏吳元善妻年二十五夫故家貧甚氏含辛茹苦課子成名鄉黨奉爲母範焉知縣莫書畫狄可風額表其門卒年八十知縣譚爲之作傳見藝文

葉氏庠生張繼文妻年二十八夫亡氏事姑撫子孝慈兼至性樂善嘉慶八年獨建八都赤坑水尾橋並修喜鵲隘嶺路知府修給以苦節傳芳匾額終年七十九歲子秀挺廩貢生

吳氏增生姚濂妻年二十九夫亡遺孤樹萓甫週歲氏撫訓兼至後爲諸生邑令鳴給以風同仉範匾額卒年七十六

葉氏朱煌妻年二十八夫亡守節卒年七十三其孫廷楷廷鈞俱入庠

姚氏吳松蔭妻年二十九夫故子坦然尚幼氏以養以教後爲名諸生其孫用光用中亦相繼入庠知縣黄贈以義訓成立匾額卒年七十有五傳見藝文

姚氏庠生周漁潮妻年二十六夫故守節卒年七十一歲

季氏吳公典妻年二十三夫故守節子桂發甫成立娶余氏發又亡姑媳同心完志姑年七十七卒媳年五十六卒

吳氏季育文妻年二十五夫故守節卒年七十有五

周氏余天有妻年二十六夫故守節終年六十有九

夏氏吴如榮妻年二十四夫故撫遺孤甫成立子又亡氏苦節終身卒年六十有七

周氏朱積善妻年十九夫故守節卒年五十有九

王氏吴統林妻年二十九夫故守節卒年五十九

周氏王奕藩妻年二十五夫故守節卒年四十八

潘氏吴土生妻年二十八夫故守節卒年五十七

項氏庠生姚𡽱繼室年二十六夫亡守節撫元配子樹型如己出俾成立入太學後其長孫叙次簡俱

入庠氏年八十餘命子型倡修龍山門路邑令黄

書節偹賢慈額旌其門

吳氏姚樹寳妻年二十六而寡姑久病日侍湯藥不

倦子脩甫婚與媳相繼亡氏撫養幼孫苦節益堅

年八十五終儒學沈手以氷心鶴髮匾額

季氏吳儒才妻年二十二夫亡守節繼姪爲嗣後以

壽終

吳氏姚巨官妻年三十夫故守節以壽終

王氏姚樹玉妻年二十七而寡撫孤宜清成立娶媳

吴氏年二十九清亡婦姑同心完節以壽終

吴氏張繼斌妻年二十六夫故守節以壽終

葉氏庠生吴鼎祿妻年二十九夫故守節以壽終

范氏葉士忠妻年二十九夫故守節卒年六十有六

張氏周芳厚妻年二十九夫亡守志旌年六十六歲

吴氏庠生姚之鰲妻年二十七寡舉姪爲嗣守節至數十年而卒

范氏葉士萃妻年二十六夫故舉姪爲嗣以節終

吴氏庠生真上錦妻年二十夫故守節隣人不戒於

火逼及氏室遂熄人以爲苦節之報年六十餘終

吳氏庠生周有光妻年廿五夫故守節卒年七十八

李氏王達文妻年二十九夫亡矢節卒年八十六歲

吳氏王盛官妻年二十八夫故矢志卒年八十一歲

葉氏廩生季煥泰妻年二十七夫故矢志卒年五十一歲

吳氏庠生姚緒繼室年二十二夫故氏未育撫元配子文璣如己出課讀遊庠慈嚴兼盡孝事九旬祖翁至終不懈卒年四十六歲儒學洪范以巾幗完人

扁其門

胡氏張啟宇妻年二十六夫故守節旌年五十六歲

張氏吳進超妻年二十一夫故守節卒年七十三歲

吳氏姚乾孫妻年十九夫故守節卒年六十有五

吳氏庠生季端人妻年二十七夫故守節雖數十年

如一日焉

張氏吳虞愷妻年二十八夫故守節撫姪美修爲嗣

後列膠庠當道以貞心天賦額表之旌年五十歲

周氏吳以成妻年三十夫故守節卒年七十有四

吳氏季王夏妻年二十七夫故無子家故貧氏茹荼

飲泣皓首完貞鄉里憫之旌年五十二歲

吳氏季躋堂妻年二十六夫故守節卒年六十八子

宜壽增生

季氏增生吳元觀妻無育勸夫納妾陳氏生二子夫

旋亡時季年二十八陳年二十苦節同操撫孤成

立儒學許以陶孟遺風匾表之後目見五代

胡氏朱文贊妻年二十九夫故矢節子學瀣甫四齡

義方是訓後爲名諸生

吳氏廩生鮑晃妻無育勸夫納妾吳氏生二子而夫亡吳氏年二十八妾年二十四同心苦守撫二子成立俱入庠邑令鄧給以雙節並輝額

黃氏吳紫豐妻年二十六夫故子凌雲僅週歲氏矢志撫孤毋兼父訓其子成立遊庠

陳氏監生楊鰲妻年二十一夫亡矢節撫子成立長樹朝貢生次樹望庠生

吳氏楊珍商妻年二十四歲夫故守節訓子成名督學王旌其門曰晝荻清風

季氏吳新楠妻年二十四夫故孝事翁姑教育二子俱入庠終年七十有三

吳氏練紹周妻夫故守節矢志不貳隣族賢之

謝氏附監何玉瑞妻年二十八夫亡矢志守貞義方是訓子顯有聲庠序氏年六十一卒

湯氏何其楨妻年二十三夫歿守志不移以壽終

吳氏庠生季讚妻年二十八夫故守節撫孤成立儒學贈以有此君操匾額

吳氏葉士型妻年二十四寡撫孤守節以壽終

吳氏周吉元妻年二十四夫亡矢志勵冰操者數十年

葉氏吳家麟妻年二十歲夫故守節以令名終

練氏吳斐煥妻年二十四夫故矢志以苦節終

胡氏吳起枝妻年二十七夫故守節卒年七十有二

鄭氏庠生吳尚志妻年二十九夫故守節卒年六十有三

胡氏吳大煥妻年二十三夫故守節卒年九十有八

子士烈妻葉氏年二十四烈又亡仝姑完節卒年

七十有六

管氏吳正謟妻年二十八夫故矢節以壽終

胡氏葉明照妻年二十四夫故堅守以苦節終

胡氏吳盛耀妻年二十九夫故守節以壽終

吳氏胡兆然妻年二十六夫故守節以壽終

吳氏葉光烈妻年二十八夫故守節以壽終

胡氏吳正金妻年二十九夫故守節以壽終

陳氏胡學權妻年二十二夫故守節以壽終

吳氏葉應楚妻年二十八夫故守節以壽終

吳氏姚漢棠妻年二十三夫故守節卒年六十歲

王氏吳華齡妻年二十一夫故守節卒年八十有三

季氏葉醽英妻年二十七歲夫故守節以壽終

黄氏胡庫玉妻也時值疫厲盛行闔家染病死氏煢煢孤守痛不欲生有村豪金桂者豔其色謀強娶之氏閉門堅拒知不免遂自刃隣族寢其事不報後金桂以他事遣戍

周氏練學高妻性賢淑夫故食貧自守訓子成立入邑庠教諭林以風堪追陶扁表之

吳氏庠生姚瀛妻于歸後未育勸夫納妾楊氏又無育再納吳氏夫旋亡氏善處二氏同心守志性樂善獨修舉溪巍壽嶺百有餘丈繼姪遠應爲嗣俾入國學隣族賢之氏卒年四十六歲

吳氏國學生姚圜妻性賢淑尤知大體事舅姑以孝聞相夫子贊成諸善舉夫久病日奉湯藥衣不解帶者累月年三十夫亡遺二子文壇文蔚撫訓成立壇官分水訓導蔚列成均孫樂亦遊庠邑令鳳贈以賢同孟母額儒學洪范額以媲美陶歐卒年六

十三歲有贊見藝文

李氏姚青妻年二十六夫亡矢志撫孤節儉自持凡隣里有貧乏之者悉周恤之苦守十年足不踰閾邑令鳳書賢孝淑儀扁褒之儒學洪范額以淑善傳揚

辛年三十六歲

吴氏庠生余鎬妻年二十八夫亡無子撫姪承祧壽七十三終守節四十餘年

吴氏姚隆先妻年二十一夫故守節卒年六十五

吴氏庠生葉汝植妻年二十七夫故守節學院王給

以松貞石介匾額後以壽終

吳氏增生余濟妻性淑慎夫有疾籲天請代及歿子甫三歲撫訓成立事姑以孝聞嘉慶丁巳教諭章觀嶽申其事於學使給以清操潔守匾額辛酉教諭吳濬額以凌霜勁操並繪松石圖贈之其贊語云瑤臺降芬丹卯擬迹誕發蘭儀林間風格賢哉貞母淑慎何摘淵令沖華乃宣壼則比婺瞻星破鏡用惜操潔氷霜粹然瑩白勗子成名荻經指畫旌節花榮光昭史冊實邦之媛可風巾幗何以方

之而繪松石

吳氏余讓妻年二十一適讓六載夫亡子甫週家貧甚泣告翁姑曰婦命不辰夫亡子幼但分釜甑餘粒使得守志撫孤死可見良人於地下矣尋翁姑卒矢節彌堅乾隆丁未姪塏白諸學院朱給以堅冰遂志額子坦國學生

范氏吳王鐘妻年二十三夫故守節終年八十有一

周氏鐘翁鎮妻年二十四夫故守節終年七十有六一門雙節白首完貞道光二年其孫增生家駒

白諸學院杜給以雙節堪旌額
張氏庠生吳誠中妻年二十四夫故守節終年八十
有五目見曾元節壽並稱
吳氏周元吉妻年二十八夫故守節以壽終
吳氏增生葉喬彬妻年二十八夫故子幼紡績度日
堅貞苦守訓子蕃遊庠以壽終
姚氏葉喬楷妻年二十六夫故守節至數十年而歿
吳氏葉上球妻年二十四夫亡撫子守節卒年六十
有六

姚氏吳德洪妻年二十三夫故守節卒年六十有三

吳氏庠生姚河妻年二十六夫亡守志卒年五十有六

吳氏余權妻年十九夫故守節撫孤成立卒年六十有五

姚氏增生范連林妻年二十九夫故守節卒年五十有一

葉氏姚國璠妻年二十七夫故守節撫孤子廷藻入國學廷龍入庠卒年四十五歲

季氏職員姚廷芬妻年三十夫故守節旌年七十二歲

吳氏余高墿妻年二十七夫故守節孝事姑嫜鄉里推賢旌年七十三歲儒學沈給以賢孝淑貞額

吳氏庠生姚廷芳妻年三十歲夫故堅貞自矢訓子成立旌年六十七歲

葉氏儒童余思魁妻年十九夫故無子越數載翁姑相繼亡氏柏舟自誓有夫弟二俱幼撫之成立以續夫嗣閭里賢之後以壽終

吳氏監生姚廷萱妻年二十九夫故矢志撫子成立

卒年三十有九

毛氏庠生姚廷蘭妻未育勸夫納側室吳氏夫旋亡

時毛年二十一吳年十八吳有遺腹子二氏撫訓

成立同心守節以壽終儒學沈旌其門曰冰節雙

清

吳氏姚秉衡妻年二十四夫故守節旌年五十歲

柳氏周長壽妻年二十七夫故守節立嗣承祧卒年

五十九歲

陳氏周長海妻年二十二夫故守節撫子永福俾入
國學多行善舉儒學沈以守貞廸善額其門
吳氏葉舜妻夫故守節皓首完貞邑令李質贈以霜
節匾額
吳氏葉春郁妻夫故守節巡道王崇銘贈以氷霜節
操匾額
葉氏廩生周禎妻夫故守節儒學胡玠額以氷霜矢
節
余氏周瑞元妻夫故守節訓子成立儒學胡玠贈以

共操孟訓額

吳氏姚華岳妻年二十六夫故守節訓子讀書入庠邑令鄒以美媿和丸額表之卒年七十一歲

吳氏姚世鐸妻年二十三夫亡子煒甫三歲家故貧栢舟自誓事姑訓子各盡其義子遊庠學院賫給以孟母遺芳匾額

姚氏生員吳端愷妻年二十九夫故矢志撫孤成立卒年七十六歲

王氏吳運璜妻年三十夫故守節旌年五十五歲

王氏吳翕秀妻年二十二夫故守節旌年五十四歲

藍氏雷藺熹妻年二十八夫故守節卒年六十六

姚氏吳積穀妻年二十一夫故守節撫子成立卒年

七十五歲

陳氏周維楷妻年二十三夫故守節旌年五十三歲

吳氏周增修妻年二十八夫故守節卒年六十七子

肇渭諸生

吳氏監生周遇煥妻年二十六夫故守節卒年五十

七

余氏吳登青妻年二十三夫故守節旌年五十一歲

吳氏葉上清妻年二十八夫故矢志卒年七十有五

張氏余蔭選妻年二十九夫故守節旌年五十八歲

吳氏葉聯清妻年二十五夫故矢志撫遺腹子成立

卒年五十有九

吳氏周維高妻年三十夫故守節卒年六十有五

葉氏吳象隨妻年二十夫故守節事姑訓子孝慈兼

盡子先飛孫瑩用昭皆入庠邑令關給以松貞石

介額

周氏吳際昌妻年二十七夫故守節以壽終

楊氏吳德財妻年二十四夫故守節年七十有一邑令黃以善節可風表其門

虞氏吳際豐妻年二十五夫故守節以壽終

楊氏吳希參妻年二十七夫故守節卒年七十有八

劉氏吳佐聚妻年二十三夫故守節以壽終

范氏吳進叙妻年二十夫故守節以壽終

何氏庠生吳雲妻年二十三夫故守節終年五十二

毛氏吳希回妻年二十七夫故守節卒年七十有二

毛氏庠生吳匡勳妻年二十九夫故守志撫子成立以壽終

周氏庠生吳匡遷妻年二十八夫亡撫子守志卒年五十七歲

陳氏吳元璧妻年二十九夫故矢志以節終

陳氏儒童吳先書妻年二十七夫故守節卒年八十有一

胡氏吳九江妻年二十四夫故守節卒年七十有八

劉氏儒童吳順藹妻年二十九夫故守節撫遺腹子

成立以寿终

胡氏吴积兴妻年二十六夫故守节以寿终

叶氏吴盛钏妻年二十七夫故守节抚子成立修滌头路岭一百余丈行人贤之

陈氏庠生吴光妻年二十九夫故矢志卒年五十二

李氏吴玉璜妻年二十九夫故矢志以寿终

吴氏杨子琯妻年二十四夫故守节以寿终

练氏吴以锦妻年二十五夫故守节卒年五十八岁

胡氏吴隆森妻年二十九夫故矢志抚孤成立知府

恒額以節孝流芳儒學洪爲之贊曰繄惟賢母堅貞守節撫育四孤日勤紡績年至六旬足不踰閾義方是訓兢兢戒謹子亦能賢家聲丕振閭里共稱芳徽孰竝卒年六十歲

毛氏吳居康妻年二十七夫故守節旌年五十歲

周氏吳敏達妻年二十九夫故矢節卒年七十有三

姚氏吳敏儒妻年二十七夫故哭喪明撫遺孤守苦節卒年七十有六

夏氏吳鏡妻年二十四夫故守節卒年六十有三

葉氏吳盁選妻年二十二夫故守節卒年六十有八

楊氏吳盁藏妻年二十九夫故守節卒年六十有六

余氏吳炎妻年二十六而寡無子誓以守翁官孝豐教諭卒於任氏偕夫弟扶柩歸麓族里稱其孝後繼姪爲嗣撫訓成立知縣鄒給以閫儀堪美額壽至九十終

范氏吳秉樂妻年二十九夫故守節卒年七十二歲

黃氏吳居經妻年二十二夫亡矢志以苦節終

何氏監生吳德麟妻年二十七夫故守節卒年八十

五歲

張氏吳居星妻年二十四夫故撫遺子恒章成立娶媳姚氏年二十九章亡姑媳相依同心堅守姑年六十六卒媳亦以壽終知縣黃旌其門曰雙節流芳

胡氏吳開良妻秉性貞淑年十七夫故誓以身殉痛哭數日而亡里族稱其節烈

張氏吳橘妻年二十夫故守志撫子成立年七十終

葉氏吳炳文妻年二十九夫故家貧苦守撫育三子

成立次子鯤入郡庠有聲邑令黄額以敎可風

終年七十一

田氏吳思昌妻年二十七夫故守節以壽終

藍氏吳通增妻年二十八夫故守節卒年七十八

吳氏陳盛洲妻年二十九夫故矢志旌年五十五歲

姚氏葉永生妻年二十五夫故守節卒年四十四

周氏吳世芬妻年二十夫故守節撫子成立儒學曹

給以節操維後額

劉氏吳可艮妻年少守節壽至九十終邑令李贈以

勁節凌霜額

張氏吳福基妻少年守節白首完貞當道旌之日汎柏凌霜

葉氏吳榮達妻年二十八夫故守節後以壽終縣令李書節茂松筠匾其門

葉氏吳榮御妻少年守節壽至八十終縣令王表以松筠勁節額

葉氏陳朝忠妻年二十六夫故守節以壽終

項氏葉元朗妻年二十八夫故撫遺子劉男成立娶

媳吴氏年二十三男亡姑媳同心守節姑年九十卒吴年八十卒

葉氏吴兆任妻年二十八夫客死江右氏聞慟哭覔屍歸葬子僅數歲守節撫育年七十九目見五代

葉氏吴允瑅妻年二十七夫故守節以壽終

周氏陳仁顯妻年二十六夫故守節以壽終

葉氏張啟瓊妻年二十六夫故守節以壽終

吴氏張從岳妻年二十九夫亡家故貧茹蘗飲冰撫孤成立晚年廣行善事閭里賢之年七十一終

吳氏陳從增妻年二十七夫故守節卒享遐齡縣令
鄧贈以壽節雙輝額
吳氏練元容妻年二十夫故守節卒年五十五歲
吳氏庠生練日珪妻年二十一夫故守節卒年六十
八歲
魏氏胡翔鷟妻夫亡矢志撫孤以苦節著時人憫之
吳氏胡從禎妻青年夫故守節四十餘年縣令王題
其匾曰壽節可嘉
胡氏毛添儒妻夫故守節數十年縣令李給以冰操

足式額

吳氏練日樀妻年二十夫亡伯氏欲奪其志氏毀容截髮乃止後以節終

曾氏葉永楠妻年二十八夫故守節以壽終

胡氏林永泰妻年二十八夫故守節終年七十有一

林氏吳時亮妻少年守節終年七十有四

陳氏胡崇祺妻年二十六夫故守節終年六十有九

吳氏張啟臻妻年二十四夫故守節終年七十有八

葉氏吳春鑑妻年二十六夫故守節卒年六十有六

陳氏林春蕃妻年二十一夫故守節終年八十有一

吳氏毛大蘇妻年二十八夫故守節卒年六十有六

毛氏吳象妻年二十八夫故矢志終年七十有四

胡氏吳伯創妻少年守節子文欽娶范氏年二十七

欽故一門雙節後俱以壽終

周氏練國瓊妻年二十七夫故守節以壽終

李氏吳恭妻年二十七夫故守節以壽終

葉氏練元斌妻年二十夫亡堅守以節終

胡氏庠生練日垣妻少年夫故以守節終

蔡氏吳世金妻年二十九夫亡貧守以苦節終
吳氏練夢駒妻夫亡守節以壽終
吳氏練國瑀妻夫亡守節以壽終
胡氏吳榮業妻少年守節以壽終
吳氏胡元陞妻少年守節以壽終
胡氏練日恬妻夫故守節以壽終
胡氏吳大環妻年二十七夫亡守志數十年而卒
范氏練日頗妻夫故守志以節終
張氏練日達妻夫亡守志以節終

楊氏胡搶塡妻少年守節以壽終

胡氏練文韞妻夫亡守志以節終

葉氏練文賁妻夫故守志以節終

葉氏吳元肇妻少年守節以壽終

陳氏吳上泰妻少年守節以壽終

姚氏庠生吳善應妻夫故守節以壽終

范氏吳習孝妻夫故守節以壽終

陳氏庠生吳運鯤妻夫亡守節以壽終

陳氏吳士盈妻年二十八守節以壽終

周氏吳明松妻年二十四夫故守節卒年七十有五

周氏練世鯨妻年二十四夫亡守節卒年七十有四

吳氏練元湯妻年二十七夫亡守節卒年七十有四

吳氏劉其言妻年二十三夫亡守節卒年七十有三

周氏吳明柏妻年二十二夫亡守節卒年七十有三

張氏葉永揚妻年二十六夫亡守節卒年七十有二

劉氏葉元龍妻年二十三夫亡守節卒年六十有八

劉氏吳正譜妻年二十四夫亡苦守以節終

范氏吳自棟妻年二十四夫故守節終年八十有四

葉氏吳丞堪妻年二十夫故守志以節終

繇氏范邦樑妻年二十夫故守節卒年八十有四

吳氏范邦寯妻年十九夫亡守節卒年六十有六

吳氏張義枝妻年二十七夫故守節年踰七旬終

陳氏張從榮妻年二十七夫故守節卒年六十有六

吳氏范義信妻年二十二夫故守節卒年六十有四

吳氏范邦潮妻年十六夫故守節卒年六十有一

周氏張仁棟妻年二十八夫故守志終年六十有一

葉氏張義長妻年二十六夫故守志卒年六十有一

周氏范維岳妻年二十八夫亡守節卒年七十有四

周氏葉長銓妻年二十八夫故守節卒年七十有四

葉氏吳其珍繼室年二十夫故撫遺孤耀祺成立娶
媳葉氏年二十三祺亡姑媳同心守節學師沈鏡
源額其門曰氷節雙清姑年七十終

葉氏張仁餘妻年二十六夫故守節卒年五十四歲

胡氏范發駿妻年二十四夫故家貧甚氏勤紡織撫
遺腹子成立卒年七十餘歲

葉氏吳永乾妻年二十九夫故撫孤成立事舅姑以

孝聞邑令鳴山給以節孝堪嘉額

黃氏范邦鈖妻年十八遺腹生子氏撫育成人苦節

益著旌年六十一歲

范氏吳義盛妻年二十七夫故無子繼姪成祧以節

終

胡氏黃漢梅妻年二十八夫故守志以節終

陳氏張義顯妻年二十八夫亡守節至數十年而卒

甘氏練學蘭妻年二十八夫故守節以壽終

凋氏儒童劉光表妻年二十二夫亡遺腹生子撫訓

成人氏以守節終

葉氏吳兆統妻年二十七夫故守節以壽終

張氏周仁煥妻年二十二夫故貧守以苦節終

魏氏吳世孔妻年二十五夫故守節以壽終

胡氏吳日枝妻年二十八夫故矢志以壽終

范氏吳源妻年二十八夫亡守節以壽終

練氏劉忠興妻年二十七夫故家貧撫守子正銓娶

毛氏年十七銓亡姑媳同心完節

吳氏王遇海妻年二十九夫故守志以節終

劉氏周長有妻年二十一夫故遺腹生子撫訓成立以守節終

周氏吳積傑妻年二十六夫故守節卒年六十有一

陳氏周元秀妻年二十六夫故守節卒年六十有二

葉氏吳積齡妻年二十二夫故守節以壽終

周氏吳上元妻年二十六夫故撫孤守節以壽終

劉氏庠生吳孟登妻年二十八夫故守節以壽終

周氏吳上振妻年二十二夫故矢節以壽終

周氏項錐新妻年二十五夫故守節以壽終

范氏吳世顯妻年二十三夫故守節以壽終

陳氏范培榮妻年二十四夫故守節以壽終

吳氏練世豪妻年二十七夫故守節以壽終

劉氏吳積信妻年二十八夫故守節以壽終

周氏吳積儒妻年二十五夫故守節以壽終

葉氏儒童吳耀祺妻年二十三夫故守志卒年五十四歲、

王氏吳星鳳妻年二十一夫故守節卒年八十有七

張氏吳星鶴妻年二十五夫故守節卒年六十有二

劉氏葉允俊妻年二十九夫故守節卒年八十有二

周氏庠生毛九苞妻年二十一夫故守節五十餘年

吳氏儒童毛元習妻年二十七守節卒年三十八

吳氏儒童毛元整妻年二十五守節卒年六十四

葉氏庠生陳嶶妻年二十二夫故守節卒年五十四

毛氏儒童范傳經妻年二十八夫故守節卒年四十

六歲

張氏林恒高妻年二十五夫故守節卒年四十七

陳氏儒童毛元斐妻年二十三夫故遺腹生子撫訓

成立知縣劉贈以閫德流光額卒年六十九

張氏葉亦芳妻年二十七夫故守節旌年六十五歲

胡氏葉明照妻年二十七夫故守節旌年六十四歲

練氏吳賜越妻年二十七夫故守節旌年六十二歲

陳氏胡維通妻年二十二夫故守節現年八十一歲

何氏吳光長妻年二十三夫故守節旌年五十四歲

葉氏吳長槐妻年二十八夫故守節旌年五十三歲

陳氏葉應滿妻年二十四夫故守節旌年五十二歲

范氏庠生吳承祖妻年二十九夫故守志以節終

周氏毛道蘊妻年二十七夫亡矢節旌年五十歲

練氏吳賜鉄妻年二十一夫故守節旌年六十一歲

吳氏庠生毛漸逵妻年三十夫故守節旌年六十歲

周氏毛端翠妻年二十三夫故守節撫孤成立壽終

陳氏黄家大妻年二十五夫故孝姑撫子以節終

葉氏劉光華妻年二十九夫故守節旌年九十一歲

葉氏劉繼銘妻年三十夫故守節旌年七十一歲

吳氏王開枝妻年二十七夫故守節以壽終

吳氏李大會妻年二十夫故撫孤守節以壽終

吳氏姚天璋妻年二十八夫故守志終年八十有二

蔡氏吳立英妻年二十八夫故守節子德炳娶葉氏年二十五炳亡姑媳同心矢志姑年八十媳年六十仝卒

姚氏廩生吳肅冕妻年二十七夫亡矢志撫姪承祧卒年六十有七

劉氏葉長英妻年二十二夫故守志以節終

周氏姚國和妻年二十四夫故守節終年七十有五

吳氏陳大妹妻年二十四夫故守節卒年六十有八

吳氏陳文順妻年二十夫故守節卒年七十有一

葉氏劉長武妻年二十九夫故守節卒年七十有九

項氏夏開啟妻年二十九夫故苦守卒年七十有三

劉氏葉其車妻年二十九夫故守節卒年七十有九

吳氏劉王才妻年二十九夫故守節卒年五十有六

陳氏吳寶男妻年二十四夫故守節邑令譚給以冰

霜守志額後以壽終

胡氏夏宏宋妻年二十八夫故守節卒年七十有三

夏氏吳克貫妻年二十六夫故守節以壽終

項氏周民起妻年二十九夫故守節卒年六十有三

陶氏吳作楷妻年十八夫故矢志撫遺腹子成立以壽終

楊氏吳希之妻年二十八夫故撫孤成立以節終

周氏翁林喜妻年二十四夫故守節卒年七十有四

周氏林有枝妻年二十四夫故守節卒年七十有九

藍氏吳進金妻年十八夫故守節卒年五十有五

吳氏姚作榮妻年二十六夫故守節姑久喪明氏孝養扶持至終不懈撫姪爲嗣卒年五十有七

葉氏陳元利妻年二十八夫故家貧守節撫諸孤成立卒年七十歲

林氏蔡餘智妻年二十七夫亡守節旌年五十六歲

徐氏陳顯平妻年二十七夫亡守節卒年八十歲

項氏周正寶妻年二十六夫亡守節旌年五十一歲

繆氏吳天元妻年二十六夫亡守節旌年五十四歲

夏氏吳永榮妻年二十六夫亡守節旌年五十三歲

余氏劉則能妻年二十七夫亡守節旌年五十五歲

項氏姚德良妻年二十九夫亡守節旌年七十歲

吳氏柳永和妻年二十九夫亡守節以壽終

吳氏庠生江占鰲妻年二十六夫故守節終年八十有六

吳氏庠生周殿麟妻年二十一夫故守節儒學呂給以松筠節操匾額後以壽終

吳氏江乾溪妻年二十五夫故守節以壽終

姚氏周連蓮妻年二十九夫亡守節旌年五十二歲

夏氏蔡新勳妻年二十六夫故守節終年七十邑令蔣額其門曰松筠節操

吳氏李長標妻年三十夫故守節終年八十有六

吳氏劉則榮妻年十九夫故無子繼姪爲嗣守節至四十八歲卒

吳氏葉日川妻年二十八夫故守節旌年七十四歲

周氏楊恒福妻年十九夫故守節以壽終

沈氏吳開德妻年二十五夫故守節卒年四十四

周氏葉宜樹妻年二十五夫故守節旌年五十歲

吳氏庠生葉潤芳妻年二十九夫故守節以壽終

李氏吳世貴妻年二十九夫故守節卒年七十有六

范氏吳貴來妻年二十二夫故守節旌年六十六歲
楊氏吳大週妻年二十四夫故守節終年七十有六
吳氏范邦久妻年二十夫故守節旌年五十四歲
毛氏范尚魁妻年二十八夫故苦守撫子成立壽終
童氏范俊良妻年二十七夫故守節卒年六十有五
童氏周友富妻年三十夫故守節旌年五十九歲
姚氏吳永進妻年二十七夫故守節旌年六十四歲
吳氏何金燕妻年二十九夫故守節終年七十有二
姚氏庠生胡繼望妻年二十二夫故守節以壽終

胡氏何其坦妻年二十七夫故撫姪守節卒年六十

吳氏周如齡妻年二十六夫故守節終年六十有九

余氏胡錦袍妻年二十六夫故守節以壽終

葉氏吳光讃妻年二十九夫故守節終年八十有八

吳氏庠生胡鈺袍妻年二十八夫故撫孤志禮成立

娶媳吳氏年二十四寡姑媳同心完節姑年八十

終媳年七十一終邑令鳴給以氷雪雙清額

黄氏鮑爵壽妻年十八夫故守節撫姪爲嗣終年七

十有七

王氏何玉煒妻年二十七夫故守節卒年七十有七

王氏吳得時妻年十九夫故守節撫遺腹子成立邑

令戈廷楠以冰清玉潔額其門卒年七十有二

吳氏何美陸妻年二十五夫故守節卒年七十有六

瞿氏孫繼懷妻年二十三夫故守節卒年七十有四

李氏何其巍妻年二十八夫故守節卒年六十有七

劉氏吳錫年妻年二十三夫故家貧守志卒年七十

范氏吳光海妻年三十夫故守節卒年六十有一

吳氏庠生何其坤妻年二十夫故守節卒年四十四

湯氏何燦安妻年二十九夫故守節以壽終

鮑氏何玉繁妻年二十六夫故守節以壽終

吳氏葉作禮妻年二十五夫故守節儒學王給以矢志氷霜額後以壽終

周氏吳成學妻年二十二夫故守節卒年六十有一

吳氏何其祥妻年十八夫故矢志撫子美甯成立娶媳吳氏年十九甯卒姑媳同心守節均以壽終

周氏何美傳妻年二十九夫故矢志以節終

葉氏庠生何其塘妻年二十六夫故守節以壽終

吳氏何美璜妻年二十九夫故守節以壽終
吳氏何美脩妻年十八夫故守節以壽終
黃氏吳桂燕妻年二十三夫故守節以壽終
齊氏吳桂華妻年二十四夫故守節旌年五十五歲
吳氏蔡高中妻年二十夫故守節旌年五十歲
葉氏吳則稷妻年二十三守節壽至八十終孫傳經
爲諸生縣令鄒贈以苦節生輝額
吳氏楊翰弟妻年二十九夫亡守節撫遺腹子成立
卒年六十有六

楊氏吳舉艮妻年二十四夫故守節以壽終

楊氏吳𢡟妻年二十二夫故守節撫遺腹子成立終年九十有六

吳氏庠生楊何逵妻年三十夫亡守節課子成名長思震明經次思舜庠生氏年八十七卒

余氏楊公舉妻年二十四夫故家貧守節撫姪爲嗣卒年五十七

周氏庠生吳紹文妻年二十五夫故矢節撫遺腹子成立終年六十八

周氏楊公倫妻年二十五夫故守節以壽終

李氏吳培傳妻年三十夫故守節旌年五十二歲

項氏季長奎妻年二十九夫故守節壽至八十終邑

令郭以節孝流芳額表之

葉氏季運龍妻年二十八夫故守節卒年六十有四

葉氏沈長璐妻年十九夫亡子甫提抱氏矢志氷霜

撫孤成立事翁姑尤以孝聞終年九十六歲

沈氏陳志鑛妻年二十六夫故守節卒年六十有五

林氏吳金符妻年二十四夫亡矢志撫子啟昌成立

娶媳王氏年二十一昌亡姑媳同心守節以壽終

周氏庠生田涵妻年二十一夫故守節卒年六十九

姚氏庠生季熺妻年二十五夫故哀慟失明堅志守節撫子成人入國學後其孫銘明經邑令樂韶給以志潔冰壺額終年六十有八

楊氏吳廷舉妻夫故守志卒年九十三邑令戈廷楠以令儀壽母額表之其子庠生邦彥妻金氏年二十八彥亡金事姑撫子孝慈兼至後諸孫相繼遊庠恒稽食廩尤爲名諸生金年六十有三卒

吳氏廩生田嘉翰妻年二十五夫亡矢節撫孤長子煌次和同入庠和後爲恩貢生孫慶餘拔貢官湖南石門縣知縣人咸稱節孝流芳旌年七十一歲

吳氏季應培妻年二十九夫亡矢志撫子必鵬成立娶媳姚氏年二十四鵬亡姑媳同心完節以壽終

許氏吳思榮妻年十八夫亡誓以死殉慟哭七日遂自縊時人稱其節烈

鄭氏毛光基妻年二十四夫故守志撫遺孤先華成立娶媳葉氏年二十九華亡婦姑同賦柏舟人稱

一門雙節

周氏王國彬妻少年夫故撫孤守節尤樂善好施鄉隣有窮乏者悉周恤之時人稱其德壽至八十餘終

楊氏周士重妻年二十八夫故無子撫姪爲嗣俾成立入國學氏尤樂善凡修橋砌路無不慨然資助儒學沈以淑貞慈善表其門

楊氏蔡邦輔妻年三十夫亡矢志歷久不渝其子聲爲諸生邑令樂給以節孝傳芳額

吳氏季仲康妻年二十四夫亡矢節撫遺腹子成立
後爲名諸生

許氏吳啟彪妻年二十九夫亡撫遺孤完苦節壽至
九十有餘

郭氏毛可桂妻年二十八夫故守節卒年八十四歲

吳氏李永和妻年十七夫故守節卒年三十三歲

謝氏周仲堯妻年二十四夫故守節卒年八十一歲

張氏沈長禎妻年三十夫故守節卒年六十七歲

劉氏鄭柏松妻年二十七夫故守節卒年六十六歲

李氏吳恒熈妻年二十四夫故守節卒年六十餘歲

吳氏許汝揚妻年二十八夫故以守節終

吳氏季發松妻年二十六夫故以守節終

葉氏姚長壽妻年二十八夫故以守節終

王氏謝承隔妻年二十二夫故以守節終

余氏吳仲武妻年二十七夫故以守節終

李氏吳新毓妻年二十六夫故旌年六十六歲

蔡氏吳金鎮妻年二十六夫故以守節終

沈氏田嘉憑妻年二十三夫故以守節終

葉氏周顯榮妻年二十五夫故以守節終
沈氏吳海儀妻年二十四夫故以守節終
周氏吳新機妻年二十七歲夫亡矢志邑令陳給以
瑤池冰雪額終年七十有三
李氏吳子佑妻年二十九夫故守節終年八十六
周氏吳喬木妻年二十六夫故守節卒年六十有一
吳氏田易妻年二十六夫故守節卒年六十六歲
季氏蔡啟福妻年二十九夫故守節卒年七十有七
賴氏吳經旺妻年二十六夫故守節卒年六十有一

劉氏謝廷棟妻年二十八夫故守節卒年六十有四

楊氏廩生吳佐妻年二十四夫故守節卒年五十二

温氏何其毅妻年二十五夫故守節卒年七十有五

劉氏田如櫛妻年十八夫亡守節卒年三十有九

姚氏吳成浩妻年二十八夫故守志撫子應聘成立

娶媳陳氏年二十五聘亡姑媳同心完節

周氏田璣妻年二十六夫故以守節終

徐氏沈朝維妻年二十七夫故以守節終

吳氏葉開明妻年二十九夫故以守節終

吳氏李兆表妻年二十二夫故以守節終

吳氏李兆槐妻年二十五夫故以守節終

朱氏范尚疇妻年二十五夫故以守節終

楊氏季子人妻年二十六夫故守節卒年八十歲

楊氏庠生吳譙妻年二十九夫故守節旌年七十一

周氏季必溥妻年二十四夫故守節旌年五十歲

吳氏庠生田嘉琪妻年二十夫故守節旌年六十三

練氏季世然妻年二十八夫故守節終年八十一

陳氏林元發妻年二十九夫故以守節終

毛氏周子啟妻年十九夫故以守節終

葉氏林元潘妻年二十七夫故以守節終

陳氏楊富盛妻年二十九夫故以守節終

沈氏鮑長松妻年二十四夫故以守節終

楊氏監生沈維朋妻年二十八夫故以守節終

夏氏蔡邦壽妻年二十五夫故以守節終

葉氏吳佛養妻年二十九夫故以守節終

沈氏姚長明妻年二十九夫故以守節終

謝氏邵文湝妻年二十八夫故以守節終

吳氏周賃部妻年二十四夫故守節卒年八十六歲

吳氏生員季士賢繼室年二十二夫故子逢丙尙襁褓元配子逢春亦幼氏撫視如一苦訓二子俱入庠守節六十二年壽至八十四終

吳氏張希相妻年二十八夫故守節卒年七十四歲

季氏庠生吳定國妻年二十八夫故守節卒年七十一歲

吳氏庠生姚垂邠妻年二十五夫故守節卒年六十一歲

沈氏李煦薰妻年二十七夫故以守節終

葉氏吳炳烈妻年二十八夫故以守節終

蔡氏庠生邵友仁妻年二十九守節旌年六十一歲

李氏沈旺越妻年二十六夫故以守節終

以後同治六年旌

吳氏賴芝璉聘室未婚璉亡氏年十六赴喪守節擇

嗣承祧現年六十有七嘗道旌其門日抱璞完貞

姚氏儒童吳光禧妻年二十九夫亡守節事翁姑盡

孝人無間言撫諸子成立長汝璋援例次汝瑛食

顩有聲儒學徐謝贈以歐母遺風額卒年五十二歲

姚氏國學生吳文光妻年二十九夫故厲志氷霜足不踰閾事繼姑尤以孝聞撫子汝汾成立俾入太學操家政循循規矩有賢聲儒學謝潘題松柏矢貞額表之卒年六十歲

張氏儒童吳文奎妻年二十八夫故長子汝棫甫三歲次汝樸猶在娠中氏撫孤守節備歷辛勤事繼姑尤盡孝操家政暇課子讀有孟母遺規棫爲名諸生蜚聲庠序樸亦入成均儒學謝給以名昭彤

管額現年五十四歲

姚氏生員吳虞揚妻年二十七夫亡矢志守貞撫子美先成立入邑庠旋食餼儒學吳給以節能兼訓額現年六十五有傳見藝文

范氏吳思穀妻年二十七夫亡矢志不渝撫孤成立子鳳翔列庠鳳翺鳳翥俱入成均現年六十

吳氏姚之禮妻年十九夫故矢志撫子成立後俱列庠現年六十三歲

林氏蔡錫純妻年二十六夫故守節卒年六十三歲

林氏沈士廣妻年二十五夫故守節現年六十
吳氏沈士茂妻年二十七夫故守節現年六十
劉氏蔡世鳳妻年二十七夫故守節卒年七十五
鄭氏沈朝宗妻年二十九夫故守節卒年七十二
吳氏生員田艮妻年二十九夫故守節卒年七十
吳氏增生沈之溶妻年二十九夫故守節卒年七十
周氏季釗妻年二十七夫故守節旌年六十歲
葉氏闕培梧妻年二十五夫故守節旌年六十歲
王氏季鈞妻年二十四夫故守節旌年六十歲

黎氏姚英妻年二十三夫故守節現年六十八歲

沈氏吳仁妻年二十七夫故守節撫嗣之才成立旌

年五十六歲

謝氏吳儒選妻年二十八夫故守節現年六十四歲

張氏吳賢仁妻年三十夫故守節現年六十三歲

沈氏賴爲元妻年二十一夫故守節旌年五十四

陶氏季逵挺妻年二十四夫故守節卒年五十六

葉氏張學開妻年三十夫故守節旌年五十一

吳氏監生何毓澤妻年二十八夫故守節現年六十

陳氏儒童吳其棫妻年二十一夫故守節現年六十

周氏葉金才妻年二十三夫故守節旌年五十一

賴氏沈大恒妻年二十八夫故守節旌年五十一

陶氏監生吳登榮妻年二十一夫故守節旌年五十

吳氏武生姚榮恩妻年二十六夫故守節現年七十

胡氏季遠聲妻年二十五夫故守節現年六十五

吳氏生員季占高妻年二十九夫故守節年五十九

姚氏生員吳兆祺妻年二十七夫故堅志守節撫姪

汝淋爲嗣得入庠事九旬邁姑尤以孝聞宗黨賢

之現存年六十歲

憲旌列後

葉氏庠生吳宜運妻年三十二夫故守節卒年八十

胡氏職員吳啟燦妻年三十五夫故守節卒年六十

李氏職員張繼武妻年三十五夫故守節卒年八十

李氏吳德蔭妻年三十五夫故守節卒年八十八

葉氏王萃官妻年三十五夫故守節卒年七十六

吳氏儒童周烈妻年三十三夫故守節卒年七十七

余氏儒童吳正臣妻年三十五夫故守節卒年七十

沈氏吳繼陵妻年三十五夫故守節卒年五十二

陶氏吳新榮妻年三十二夫故守節旌年七十八

張氏庠生吳開來妻年三十一夫故守節旌年八十

林氏吳德壽妻年三十一夫故守節旌年七十一

吳氏庠生姚樹人妻年三十四夫故守節旌年七十

葉氏吳豫瀛妻年三十四夫故守節旌年六十九

吳氏王亦寶妻年三十五夫故守節旌年六十九

王氏姚公彩妻年三十五夫故守節卒年七十

陳氏吳得喜妻年三十五夫故守節旌年六十四

瞿氏翁高榮妻年三十五夫故守節旌年六十四
葉氏張有䋖妻年三十五夫故守節卒年七十三
姚氏王亦錦妻年三十五夫故守節旌年五十九
王氏吳德潛妻年三十四夫故守節旌年五十七
姚氏吳開有妻年三十四夫故守節旌年五十四
吳氏范尚繡妻年三十一夫故守節旌年五十三
張氏吳德澄妻年三十五夫故守節旌年五十二
吳氏柳元智妻年三十二夫故守節旌年五十二
陳氏葉美和妻年三十五夫故守節旌年五十二

余氏生員姚慶雲妻年三十五夫故守節旌年五十

葉氏劉朝現妻年三十五夫故守節旌年五十一

吳氏儒童周之德妻年三十四夫故守節以壽終

王氏廩生季宗梧妻年三十五夫故守節以壽終

周氏儒童姚樹棠妻年三十五夫故守節以壽終

孫氏李進明妻年三十一夫故守節旌年五十二

余氏吳桂發妻年三十一夫故守節卒年五十五

吳氏王達輝妻年三十五夫故守節卒年五十七

龔氏姚永富妻年三十五夫故守節卒年八十

以上咸豐元年旌

朱氏封貝吳錫貴妻年三十五夫故苦守貞操課子勤讀有和允畫荻風長子炳文同治癸酉拔貢候選教諭敦行力學尤卓著一時郡守清贈以孟母遺徽匾額卒年六十歲

夏氏張啟瑞妻年三十五夫故守節現年七十六

吳氏儒童姚石麟妻年三十三夫故守節旌年六十

吳氏儒童姚球妻年三十五夫故守節現年六十八

吳氏儒童田祥妻年三十五夫故撫孤守志歷八不

渝儒學謝贈以能熙九苦茹額子慶臧入庠

吴氏生員姚蕙田妻年三十五夫故守節現年六十

以上同治六年旌

壽婦淩氏鍾聲高妻年一百歲子四孫八曾孫五共

聚一堂儒學沈以錫齡衍慶額贈之

賢婦吴氏瑞金縣知縣姚鐸妻夫故子軾轍俱幼氏

勤力訓子俱遊庠援例加州同銜郡守孫大儒給

以共孟同心扁額

以後光緒二年旌

李氏余永邦妻年十五夫故守節卒年七十一

葉氏周繼鎬妻年三十夫故守節卒年六十八

周氏儒童張寶堂妻年二十五夫故守節卒年六十

二嗣子韶邑增生

葉氏沈永邦妻年二十夫故守節卒年七十二

季氏武生吴邦森妻年二十八夫故守節卒年四十

七歲撫子炟成立俾入國學

葉氏劉金廣妻年三十夫故守節孝事邁姑撫子建

炎厚成立旌年六十七

沈氏葉宜滋妻年十九夫故守節孝事邁翁旌年六
十一
季氏監生姚雍妻年二十五夫故守節旌年六十六
吳氏范尙楷妻年二十二夫故守節孝敬翁姑撫孤
成立旌年五十四
周氏儒童吳魁選妻年二十九夫故守節旌年五十
四子光訓
王氏儒童吳詵選妻年二十三夫故守節旌年五十
歲子憲熙入庠

周氏葉宜達妻年二十八夫故守節旌年五十六

練氏生員吳家修妻年二十七夫故守節旌年五十八歲

季氏儒童劉其英妻年二十八夫故守節孝事翁姑旌年五十一

周氏范孝慶妻年二十五夫故守節孝敬翁姑撫孤成立旌年五十一

吳氏儒童何挺良妻年二十七夫故守節旌年五十四歲

邵氏庠生季增妻年二十八夫故守節孝事翁姑撫子成立長逢貞入成均次逢鐙業儒旌年五十一

楊氏葉舒岐妻年二十九夫故守節旌年五十二

何氏監生吳汝鋆妻年十八于歸孝事翁姑二十八夫故痛不欲生越數日嘔血而亡人稱孝烈兼全

憲旌附

蔡氏吳新穀妻年三十五夫故守節旌年六十四

季氏職員姚文坊妻年三十五夫故守節撫子成立長珍業儒次典食餼旌年五十歲

以後待旌

毛氏吳介塡聘妻年十九塡攻苦遘疾氏聞往吳侍

奉湯藥踰月夫故誓志守節卒年七十七

劉氏儒童蔡邦純妻年二十六夫故守節卒年七十

一嗣子錦

蔡氏吳增齡妻年二十九夫故守節卒年七十五

沈氏周永長妻年三十側室王氏年二十六夫故同

心守節沈卒年六十二王卒年六十子甫炳

吳氏儒童劉賜壽妻年二十六夫故守節卒年五十

四嗣子能通

吳氏劉賜茂妻年二十八夫故守節卒年四十歲

陳氏李兆相妻年二十于歸結褵六月夫故遺腹生

子名開發撫孤守志卒年七十七

葉氏胡世球妻年二十二夫故守節卒年七十三

賴氏廩生吳用中妻年二十二夫故守節卒年六十

二子步瀛邑庠生

吳氏范尚詩妻年二十九夫故守節卒年五十六

劉氏胡道平妻年二十三夫故守節卒年五十歲

吳氏儒童周廣坤妻年三十夫故守節卒年六十五

練氏葉正億妻年二十九夫故守節卒年六十八

項氏陳可武妻年二十七夫故守節卒年七十九

吳氏姚維鐸妻年十九夫故守節卒年五十一歲

胡氏吳林棟妻年二十六夫故守節卒年六十二

吳氏庠生葉淩雲妻年二十九夫故守節卒年四十八歲

陳氏柳永達妻年三十夫故守節卒年七十歲

虞氏吳餘萬妻年二十九夫故守節卒年六十九

葉氏吳必裕妻年二十七夫故矢志以節終

毛氏吳學讓妻年三十夫故守節卒年六十九

張氏范邦富妻年二十七夫故守節卒年六十八

胡氏吳孝維妻年三十夫故守節卒年八十四

吳氏葉發裕妻年二十七夫故守節卒年七十歲

吳氏葉應爐妻年二十四夫故守節卒年四十九

陳氏吳禮楷妻年二十九夫故子積才甫三歲撫孤苦守卒年六十七知縣李家鵬以清潔可風匾額表之

劉氏胡道亮妻年二十九夫故守節卒年七十八

毛氏胡學祥妻年二十三夫故守節卒年五十六

葉氏吳錫奎妻年二十于歸結褵數月夫故撫嗣守節卒年五十六

陳氏吳道潤妻年三十夫故撫孤苦守卒年五十二

魏氏儒童何挺廉妻年二十一夫故守節卒年六十

毛氏監生丁汝織妻年二十二夫故守節卒年三十三歲

田氏監生潘景圖妻年二十五夫故守節卒年三十

五歲

葉氏吳禮愛妻年二十三夫染廢疾勸令改適氏自縊以見志

林氏周子純妻年二十二夫故哭泣廢食越月而卒

葉氏監生沈渭銘妻咸豐八年奉姑避亂遇賊不屈被戕時年三十八歲

劉氏李奇根妻咸豐八年遇賊不屈被殺時年二十四歲

周氏生員蔡鏞妻年三十夫故側室王氏年二十一

同心守節周周現年六十四王現年五十歲子進城

蔡氏儒童周忠廉妻年二十八夫故守節現年五十

沈氏吴啟超妻年三十夫故守節現年七十三子之

勳列庠

吴氏鄭大方妻年二十七夫故守節現年五十四

沈氏鄭大學妻年二十四夫故守節現年五十三

陳氏李慈薰妻年二十八夫故守節現年五十歲

田氏庠生吴拱鱸妻年二十七夫故守節現年五十

四子思詔業儒

吳氏許應榮妻年二十八夫故守節現年七十五

沈氏儒童劉賜回妻年二十八夫故守節現年六十七歲

李氏吳天生妻年二十九夫故守節現年五十二

季氏李兆燦妻年三十夫故守節現年五十歲

吳氏季銀妻年二十八夫故守節現年五十一歲子之茂入庠

葉氏范傳孟妻年二十八夫故守節現年五十歲

虞氏吳思照妻年二十九夫故守節現年五十三

毛氏吳昌煥妻年二十九夫故守節現年六十一

虞氏吳昌發妻年二十七夫故守節現年六十五

虞氏吳賜槐妻年二十六夫故守節現年五十九

吳氏葉芝銓妻年二十四夫故守節現年五十歲

吳氏周蔡興妻年二十七夫故守節現年六十二

虞氏吳甯逵妻年三十夫故守節現年七十一

張氏吳應舜妻年二十三夫故守節現年六十一

陳氏吳長琪妻年二十七夫故守節現年六十四

瞿氏柳庭賜妻年二十九夫故守節現年五十六

葉氏姚鏡銘妻二十四夫故守節現年五十四
林氏葉宗仁妻年二十一夫故守節現年六十八
周氏劉朝芬妻年二十八夫故守節現年六十八
吳氏周仁静妻年三十夫故守節現年六十五
吳氏鄭國長妻年三十夫故守節現年六十歲
胡氏鄭國仁妻年二十七夫故守節現年六十八
陳氏武生吳登科妻年三十夫故守節現年五十三
葉氏胡有泉妻年二十二夫故守節現年五十八
張氏生員吳際泰妻年三十夫故守節現年五十歲

毛氏吳昌禮妻年三十夫故守節現年六十歲

何氏庠生吳檑妻年二十九夫故守節現年五十歲

范氏庠生吳鳳翙妻年二十九夫故守節現年五十六歲

周氏儒童吳作沛妻年二十七夫故守節現年五十

胡氏吳鑑郁妻年三十夫故守節現年五十九

胡氏吳明樹妻年二十九夫故守節現年七十六

葉氏吳章榮妻年二十九夫故守節現年六十四

范氏吳廷熕妻年二十九夫故守節現年七十歲

虞氏吳嗣寶妻年二十夫故守節現年六十二

季氏吳啟越妻年二十八夫故守節現年五十五

劉氏儒童沈士源妻年二十夫故守節現年六十一

吳氏胡崇覲妻年二十七夫故守節現年七十七

范氏監生吳秉德妻年三十夫故守節現年五十

陶氏胡從嘉妻年二十九夫故守節現年六十一

吳氏范尚溫妻年三十夫故守節現年五十三

吳氏何長堃妻年十八夫故守節現年五十八

俞氏吳維榮妻年二十三夫故守節現年五十六

吳氏周子忠妻年二十六夫故守節現年五十四

張氏甘元艮妻年三十二夫故守節卒年六十五

吳氏甘惟英妻年三十四夫故守節卒年六十五

葉氏吳德統妻年三十二夫故守節卒年七十二

虞氏吳開然妻年三十二夫故守節現年五十七

陳氏庠生沈鑑波妻年三十一夫故守節現年五十七歲

葉氏沈朝元妻年三十二夫故守節現年五十歲

范氏胡孔艮妻年三十五夫故守節現年五十歲

范氏練時茹妻年三十四夫故守節現年六十八
吳氏練時珪妻年三十五夫故守節現年八十四
葉氏吳長祥妻年三十四夫故守節現年五十二
姚氏練宗漢妻年三十二夫故守節現年六十二
吳氏劉朝朋妻年三十五夫故守節現年六十一
潘氏監生劉連魁妻年三十五夫故守節現年七十六歲
吳氏武生胡御君妻年三十五夫故守節現年五十一歲

王氏生員吳益彰妻年三十五夫故守節現年五十歲子紹文紹瀛業儒

陳氏黃親寄妻年三十五夫故守節現年五十七歲

吳氏增生姚樹垣妻年三十五夫故守節現年六十二歲

吳氏李寶貴妻年三十四夫故守節現年五十七歲

吳氏范尙奎妻年二十九夫故守節現年五十二歲

吳氏黃之瑞妻年三十夫故守節現年五十一歲

吳氏周增熙妻年二十四夫故守節現年五十歲

毛氏吳既順妻年二十七夫故守節現年五十一歲

葉氏吳大祥妻年二十八夫故守節現年五十一歲

周氏夏廷騶妻年十八夫故守節卒年九十二歲

周氏夏錝芳妻年二十四夫故守節現年六十二歲